课本里的作家

课本里的作家

书本里的蚂蚁

王一梅／著

小学语文同步阅读
三年级
彩插精读版

山东教育出版社
·济南·

图书在版编目（CIP）数据

书本里的蚂蚁 / 王一梅著 . — 济南 : 山东教育出
版社 , 2023.1（2023.3 重印）
（爱阅读·课本里的作家）
ISBN 978-7-5701-2331-5

Ⅰ . ①书… Ⅱ . ①王… Ⅲ . ①阅读课—小学—教学参
考资料 Ⅳ . ①G624.233

中国版本图书馆 CIP 数据核字（2022）第 166205 号

SHUBEN LI DE MAYI

书本里的蚂蚁

王一梅　著

主管单位：山东出版传媒股份有限公司
出版发行：山东教育出版社
　　　　　地址：济南市市中区二环南路 2066 号 4 区 1 号　邮编：250003
　　　　　电话：（0531）82092600　　　　　网址：www.sjs.com.cn
印　　刷：天津泰宇印务有限公司
版　　次：2023 年 1 月第 1 版
印　　次：2023 年 3 月第 2 次印刷
开　　本：700 mm × 1000 mm　1/16
印　　张：12
字　　数：145 千
定　　价：35.80 元

现在，屎壳郎先生点燃了牛粪，在温暖的圆形房子里，悠闲地吃着胡萝卜和大豆，然后他笑着说："我喜欢圆形。"

屎壳郎喜欢圆形

蜗牛很热情地向兔子打招呼说："欢迎你来到蜗牛的森林。"兔子听了哈哈笑着说："这样的草地也算森林？最高的草才过我的靴筒。"

十二只枯叶蝶悄悄地住在一棵树上，他们枯黄的外衣就像秋天的树叶，连住在树上的乌鸦也不知道树上还住着枯叶蝶。

第十二只枯叶蝶

大鲸鱼在海边

大鲸鱼到了海里，就醒过来了，他感动地说："真没想到，我到了一次海边，能认识这么多热情又聪明的好朋友。谢谢你们救了我！"

猫的演说

在一盏路灯下面，一片树叶落在狗的头上。狗抖了抖耳朵，发现一个高大的圆形水泥管道，路灯那柔和的光束笼罩着水泥管道，让狗觉得很安全。今夜狗决定住在这里。

长不大的向日葵

画家画了一幅画：在苍茫的田野上，挺立着一株没有叶子的向日葵，他最后的一片黄色花瓣正对着天边那个红红的落日。

总序

北京书香文雅图书文化有限公司的李继勇先生与我联系，说他们策划了一套《爱阅读·课本里的作家》丛书，读者对象主要是中小学生，可以作为学生的课外阅读用书，希望我写篇序。作为一名语文教育工作者，在中共中央办公厅、国务院办公厅印发《关于进一步减轻义务教育阶段学生作业负担和校外培训负担的意见》（以下简称"双减"）的大背景下，为学生推荐这套优秀课外读物责无旁贷，也更有意义。

一、"双减"以后怎么办？

"双减"政策对义务教育阶段学生的作业和校外培训作出严格规定。我认为这是一件好事。曾几何时，我们的中小学生作业负担重，不少学生不是在各种各样的培训班里，就是在去培训班的路上。学生"学"无宁日，备尝艰辛；家长们焦虑不安，苦不堪言。校外培训机构为了增强吸引力，到处挖掘优秀教师资源，有些老师受利益驱使，不能安心从教。他们的行为破坏了教育生态，违背了教育规律，严重影响了我国教育改革发展。教育是什么？教育是唤醒，是点燃，是激发。而校外培训的噱头仅仅是提高考试成绩，让学生在中高考中占得先机。他们的广告词是"提高一分，干掉千人"，大肆渲染"分数为王"，在这种压力之下，学生面对的是"分萧萧兮题海寒"，不得不深陷题海，机械刷题。假如只有一部分学生上培训班，提高的可能是分数。但是，如果大多数学生或者所有学生都去上培训班，那提高的就不是分数，而只是分数线。教育的根本任务是立德树人，是培根铸魂，是启智增慧，是让学生的德智体美劳全面发展，是培养社会主义建设者和接班人，是为中华民族伟大复兴提供人才，而不是培养只会考试的"机器"，更不能被资本所"绑架"。所以中央才"出重拳""放实招"，目的就是要减轻学生过重的课业负担，减轻家长过重的经济和精神负担。

"双减"政策出台后，学生们一片欢呼，再也不用在各种培训班之间来回奔波了，但家长产生了新的焦虑：孩子学习成绩怎么办？而对学校老师来说，这是一个新挑战、新任务，当然也是新机遇。学生在校时间增加，要求老师提升教学水平，科学合理布置作业，同时开展课外延伸服务，事实上是老师陪伴学生的时间增加了。这部分在校时间怎么安排？如何让学生利用好课外时间？这一切考验着老师们的智慧。而开展各种课外活动正好可以解决这个难题。比如：热爱人文的，可以开展阅读写作、演讲辩论，学习传统文化和民风民俗等社团活动；喜爱数理的，可以组织科普科幻、实验研究、统计测量、天文观测等兴趣小组；也可以开展体育比赛、艺术体验（音乐、美术、书法、戏剧……）和劳动教育等实践活动。当然，所有的活动都应以培养学生的兴趣爱好为目的，以自愿参加为前提。学校开展课后服务，可以多方面拓展资源，比如博物馆、图书馆、科技馆、陈列馆、少年宫、青少年活动中心，甚至校外培训机构的优质服务资源，还可组织征文比赛、志愿服务、社会调查等，助力学生全面发展。

二、课外阅读新机遇

近年来，新课标、新教材、新高考成为语文教育改革的热词。我曾经看到一个视频，说语文在中高考中的地位提高了，难度也加大了。这种说法有一定道理，但并不准确。说它有一定道理，是因为语文能力主要指一个人的阅读和写作能力，而阅读和写作能力又是一个人综合素养的体现。语文能力强，有助于学习别的学科。比如数学、物理中的应用题，如果阅读能力上不去，读不懂题干，便不能准确把握解题要领，也就没法准确答题；英语中的英译汉、汉译英题更是考查学生的语言表达能力；历史题和政治题往往是给一段材料，让学生去分析、判断，得出结论，并表述自己的观点或看法。从这点来说，语文在中高考中的地位提高有一定道理。说它不准确，有两个方面的理由：一是语文学科本来就重要，不是现在才变得重要，之所以产生这种错觉，是因为在应试教育的背景下，语文的重要性被弱化了；二是语文考试的难度并没有增加，增加的只是阅读思维的宽度和广度，考查的是阅读理解、信息筛选、应用写作、语言表达、批判性思维、辩证思维等关键能力。可以说，真正的素质教育必须重视语文，因为语文是工具，是基础。不少家长和教师认为课外阅读浪费学习时间，这主要是教育观念问题。他们之所以有这种想法，无非是认为考试才是最终目的，希望孩子可以把更多时间用在刷题上。他们只看到课标和教材的变化，以为考试还是过去那一套，其实，考试评价已发生深刻变革。目前，考试评价改革与新课标、新教材改革是同向同行的，都是围绕立德树人做文章。中共中央、国务院印发的《深化新时代教育评价改革总体方案》明确指出："稳步推进中高考改革，构建引导学生德智体美劳全面发展的考试内容体系，改变相对固化的试题形式，增强试题开放性，减少死记硬背和'机械刷题'现象。"显然就是要用中高考"指挥棒"引领素质教育。新高考招生录取强调"两依据，一参考"，即以高考成绩和高中学业水平考试成绩为依据，以综合素质评价为参考。这也就是说，高考成绩不再是高校选拔新生的唯一标准，不只看谁考的分数高，而是看谁更有发展潜力、更有创造性，综合素质更高，从而实现由"招分"向"招人"的转变。而这绝不是仅凭一张高考试卷能够区分出来的，"机械刷题"无助于全面发展，必须在课内学习的基础上，辅之以内容广泛的课外阅读，才能全面提高综合素养。

三、"爱阅读"助力成长

这套《爱阅读·课本里的作家》丛书是为中小学生读者量身打造的，符合《义务教育语文课程标准》倡导的"好读书、读好书、读整本的书"的课改理念，可以作为学生课内学习的有益补充。我一向认为，要学好语文，一要读好三本书，二要写好两篇文，三要养成四个好习惯。三本书指"有字之书""无字之书""心灵之书"，两篇文指"规矩文"和"放胆文"，四个好习惯指享受阅读的习惯、善于思考的习惯、乐于表达的习惯和自主学习的习惯。古人说"读万卷书，行万里路"，实际上就是要处理好读书与实践的关系。对于中小学生来说，读书首先是读好"有字之书"。"有字之书"，有课本，有课外自读课本，还有"爱阅读"这样的课外读物。读书时我们不能眉毛胡子一把抓，要区分不同的书，采取不同的读法。一般说来，读法有精读，有略读。精读需要字斟句酌，需要咬文嚼字，但费时费力。当然也不是所有的书都需要精读，可以根据自己的需要决定精读还是略读。新课标提倡中小学生进行整本书阅读，但是学生往往不能耐着性子读完一整本书。新课标提倡的整本书阅读，主要是针对过去的单篇教学来说的，并不是说每本书都要从头读到尾。教材设计的练习项目也是有弹性的、可选择的，不可能有统一的"阅读计划"。我的建议是，整本书阅读应把精读、略读与浏览结合起来，精读重在示范，略读重在博览，浏览略观大意即可，三者相辅相成，不宜偏于一隅。不仅如此，学生还可以把阅读与写作、读书与实践、课内与课外结合起来。整本书阅读重在掌握阅读方法，拓展阅读视野，培养读书兴趣，养成阅读习惯。

再说写好两篇文。学生读得多了，素养提高了，自然有话想说，有自己的观点和看法要发表。发表的形式可以是口头的，也可以是书面的，书面表达就是写作。写好两篇文，一篇规矩文，一篇放胆文。规矩文重打基础，放胆文更见才气。规矩文要求练好写作基本功，包括审题、立意、选材、构思等，同时还要掌握记叙文、议论文、说明文、应用文的基本要领和写作规范。规矩文的写作要在教师的指导下进行。放胆文则鼓励学生放飞自我、大胆想象，各呈创意、各展所长，尤其是展现自己的写作能力、语言表达能力、批判性思维能力和辩证思维能力。放胆文的写作可以多种多样，除了大作文，也可以写小作文。有兴趣的学生还可以进行文学创作，写诗歌、小说、散文、剧本等。

学习语文还要养成四个好习惯。第一，享受阅读的习惯。爱阅读非常重要，每个同学都应该有自己的个性化书单。有的同学喜欢网络小说也没有关系，但需要防止沉迷其中，钻进"死胡同"。这套《爱阅读·课本里的作家》丛书，给中小学生课外阅读提供了大量古今中外的名家名作。第二，善于思考的习惯。在这个大众创业、万众创新的时代，创新人才的标准，已不再是把已有的知识烂熟于心，而是能够独立思考，敢于质疑，能够自己去发现问题、提出问题和解决问题，需要具有探究质疑能力、独立思考能力、批判性思维和辩证思维能力。第三，乐于表达的习惯。表达的乐趣在于说或写的过程，这个过程比说得好、写得完美更重要。写作形式可以不拘一格，比如作文、日记、笔记、随笔、漫画等。第四，自主学习的习惯。我的地盘我做主，我的语文我做主。不是为老师学，也不是为父母长辈学，而是为自己的精神成长学，为自己的未来学。

愿广大中小学生能借助这套《爱阅读·课本里的作家》丛书，真正爱上阅读，插上想象的翅膀，飞向未来的广阔天地！

目录

我爱读课文

读前导航 / 2

精彩赏读 / 3

积累与表达 / 5

知识乐园 / 9

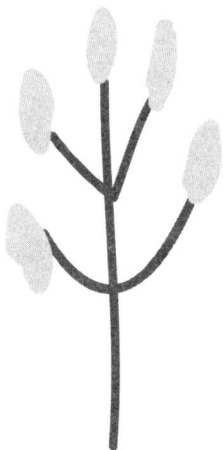

作家经典作品

书本里的蚂蚁 / 12

屎壳郎喜欢圆形 / 14

斑马生活在城市 / 17

大头鱼在雨天和晴天 / 19

蜗牛的森林 / 21

女巫和老房子 / 23

鸟窝里的树 / 25

世界上不能只有一个人走路 / 27

狮子卡卡 / 31

兔子的胡萝卜 / 33

乌鸦的新衣 / 35

我是蜗牛 / 38

小丑洛卡 / 41

小熊洛卡 / 44

骨碌碌滚的啤酒桶 / 47

第十二只枯叶蝶 / 50

袋鼠的袋袋里住了一窝鸟 / 52

大鲸鱼在海边 / 55

阿虎的名片 / 58

猫的演说 / 60

长不大的向日葵 / 63

大象的脚印 / 65

叮当响村庄 / 67

糊涂猪 / 69

雨街的猫（节选） / 104

我爱读课文

原文赏读

胡萝卜先生的长胡子

体　　裁：童话

作　　者：王一梅

创作时间：当代

作品出处：部编版语文三年级（上册）

内容简介：本文讲述了胡萝卜先生漏刮了一根胡子后的一段有趣经历。从故事中我们体会到能够帮助别人是一件快乐的事。

////////////////////// 读前导航 //////////////////////

阅读准备

　　王一梅的童话作品有着超凡的想象力，独特的叙述风格，向小读者展现了天马行空的想象。在幻想境界的无穷尽的变化中，那些新奇的事物又是那么合情合理。她的作品文字优美，语言浅白清新，温暖人心，为孩子们展现了一个不一样的童话世界，给小读者带来爱的感悟及奇妙有趣的阅读体验。幻想色彩与现代气息的完美融合，是王一梅童话的一大特点。

目标我知道

学习目标	会写"萝、卜、愁"生字 会认"沾、晾"生字 读准多音字"卜"
学习重点	能够预测故事的内容 根据故事的实际内容修正自己的想法
学习难点	尝试根据题目预测故事的主要内容

/////////////// 精彩赏读 ///////////////

课本原文

胡萝卜先生的长胡子

① 胡萝卜先生常常为胡子发愁，因为他长着浓密的胡子，必须每天刮[1]。

② 有一天，胡萝卜先生匆匆忙忙[2]刮了胡子，就吃着果酱面包上街去了。因为他近视，就没有发现漏刮了一根胡子。这根胡子长在下巴的右边，胡萝卜先生吃果酱面包的时候，胡子沾到了甜甜的果酱。对一根胡子来说，果酱是多么好的营养品啊！

③ 于是，胡萝卜先生一步一步走的时候，

【浓密】稠密（多指枝叶、烟雾、须发等）。

[1] 说明胡萝卜先生胡子生长得很茂盛。

[2] "匆匆忙忙"写出了胡萝卜先生很忙，为下文埋下了伏笔。

这根胡子就在一点儿一点儿地变长，只要看看胡萝卜先生走了多长的路，就可以知道他的这根胡子已经长了多长了。

④ 胡萝卜先生还在继续走，长胡子被风吹到了身体后面，他完全不知道。

【第一部分（①—④段）：写胡萝卜先生漏刮的一根胡子粘上了果酱，从而变得很长。】

⑤ 在很远的街口，有一个男孩正在放风筝。线实在太短了，他的风筝只能飞过屋顶。

【飘动】
随着风等移动。

⑥ 胡萝卜先生的胡子刚好在风里飘动着。"这绳子够长了，就是不知道够不够牢固。"小男孩说完就扯了扯胡子，他确定足够牢固，就剪了一段用来放风筝。

【牢固】
结实；坚固。

⑦ 胡萝卜先生继续往前走，当他走过鸟太太家的树底下，鸟太太正在找绳子晾小鸟的尿布。

⑧ 胡萝卜先生的胡子刚好在风里飘动着。

⑨ ……[1]

[1]这段话中只有一个省略号。省略了胡萝卜先生继续往前走还会发生的神奇的故事。

【第二部分（⑤—⑨段）：写胡萝卜先生长胡子的作用。】

作品赏析

这篇课文主要用诙谐、幽默、有趣的语言叙述了胡萝卜先生神奇的胡子帮助有困难的人解决了问题。故事告诉我们要帮助有困难的人。

/////////////////////积累与表达/////////////////////

字词我来记

会写的字

luó	部首	笔画	结构	造字	组词
萝	艹	11	上下	形声	萝卜 藤萝
	辨字	罗（罗列 罗网） 啰（啰唆）			
字义	[萝卜]草本植物，种类很多。可作蔬菜。				
造句	俗话说："冬吃萝卜，夏吃姜。"				

bo	部首	笔画	结构	造字	组词
卜	卜	2	独体	象形	萝卜
	辨字	下（下车 下去）			
字义	[萝卜]草本植物，种类很多。可作蔬菜。				
造句	今天，妈妈带我去地里拔萝卜。				

chóu	部首	笔画	结构	造字	组词
愁	心	13	上下	形声	愁苦 发愁
	辨字	秋（秋天 立秋）			
字义	忧虑。				
造句	快开学了，我的寒假作业还没有写完，真愁人。				

会认的字

zhān	组词
沾	沾手 沾沾自喜

liàng	组词
晾	晾晒 晾干

多音字

卜
- bo（胡萝卜）
- bǔ（占卜）（预卜）

辨析： 读 bo 时，只用在表示萝卜的词中。如：白萝卜、红萝卜；读 bǔ 时，（1）古人灼烧龟甲或牛骨，观看裂纹来推断事情吉凶。如：占卜、卜卦。（2）泛指一般预测吉凶的方法。如：预卜。

近义词

发愁—忧愁　　　常常—经常　　　必须—务必
发现—发觉

反义词

牢固—薄弱　　　浓密—稀疏　　　继续—中断

日积月累

1.对一根胡子来说，果酱是多么好的营养品啊！

2.胡萝卜先生还在继续走，长胡子被风吹到了身体后面，他完全不知道。

3.胡萝卜先生的胡子刚好在风里飘动着。

读后感想

《胡萝卜先生的长胡子》读后感

今天上午，我学习了课文《胡萝卜先生的长胡子》。

这个故事讲的是胡萝卜先生长着茂密的胡子，每天都在为胡子发愁。一天早上，他在刮胡子的时候，漏刮了一根胡子，因为这根胡子又沾上了营养丰富的果酱，导致胡子越长越长。有一个小男孩的风筝线太短了，他看见胡萝卜先生路过，拿着剪刀剪下了胡萝卜先生的一段胡子用来做风筝线。接着胡萝卜先生路过了一棵树下，上面住着小鸟一家。鸟妈妈觉得要晒鸟宝宝的尿布了，于是就剪了胡萝卜先生的一段胡子做晾尿布的绳子……

虽然这个故事到这里就结束了，但是我知道后续还有更精彩的故事。

通过阅读这个故事，我明白了一个道理——任何事情都有好坏两个方面，凡事要多往好的方面想，这样，坏事也会变成好事。

精彩语句

通过阅读这个故事，我明白了一个道理——任何事情都有好坏两个方面，凡事要多往好的方面想，这样，坏事也会变成好事。

通过悟出的道理，反映出作者对课文的认知，明白了事情的两面性。

妙笔生花

《胡萝卜先生的长胡子》这个故事没有讲完，你能接着写下去吗？动动手中的笔，写一写。

_____

_____

_____

_____

_____

_____

_____

_____

_____

_____

_____

_____

_____

_____

_____

_____

_____

//////////////////////////// 知识乐园 ////////////////////////////

一、给加点字选择正确的读音并打"√"。

萝卜(luò luó)　　　发愁(chóu cóu)

沾湿(zhān zān)　　　晾尿布(liàng liàn)

二、选词填空

继续　陆续　连续

1．下课了，同学们（　　　）走出教室。

2．大雨（　　　）下了三天三夜。

3．胡萝卜先生（　　　）往前走，走过了鸟太太家的树底下。

三、选择正确的关联词填空。

因为……所以……　　　　只要……就……

1．（　　　）看看胡萝卜先生走了多长的路，（　　　）可以知道胡萝卜先生的这根胡子已经长了多长了。

2．（　　　）他近视，（　　　）没有发现漏刮一根胡子。

四、句子天地。

课文中胡萝卜先生的胡子的作用真大啊，下面属于利用他的胡子做的好事有（　　　）

A.给一个小男孩做风筝的线。

B.眼镜店的白菜姐姐用胡子系住胡萝卜先生的眼镜。

C.给鸟太太做晾衣绳。

D.给乌龟爷爷做吊桶的绳子。

五、读句子，按要求完成练习。

胡萝卜先生常常为胡子发愁，因为他长着浓密的胡子，必须每天刮。

1．"浓密"的意思是_____。

2．除了说浓密的胡子，还可以说浓密的_____。

3．从"常常""发愁"等词语可以看出胡萝卜先生_____他的胡子。

作家经典作品

自主阅读

书本里的蚂蚁

　　古老的墙角边，孤零零地开着一朵红色的小花，在风里轻轻地唱着歌。一只黑黑的小蚂蚁，顺着花枝儿往上爬，静静地趴在花蕊里睡觉。

　　小姑娘经过这儿，采下这朵花，随手夹进了一本陈旧的书里。小蚂蚁当然也进了书本，被夹成了一只扁扁的蚂蚁。

　　"喂，你好，你也是一个字吗？"书本里传来了很整齐的细碎的声音。

　　"是谁？书本也会说话？"黑蚂蚁奇怪极了。

　　"我们是字。"细碎的声音回答着。黑蚂蚁这才看清，书本里满是密密麻麻的小字。"我们小得像蚂蚁。"字很不好意思地回答。

　　"我，我是蚂蚁，噢，我变得这么扁，也像一个字了。"黑蚂蚁挺乐意做一个字。

　　书本里有了一个会走路的字。第一天，黑蚂蚁住在第一百页，第二天就跑到了第五十页，第三天又跑到了第二百页，所有的字都感到很新奇，要知道，这是一本很陈旧的书，很久没有人翻动过了，而这些字从没想动动手脚，走一走，跳一跳。"我们真是太傻了。"字对自己说，现在，他们都学着黑蚂蚁跳跳舞、串串门。这有多快乐呀！

旧书不再是一本安安静静的书了。

有一天，小姑娘想起了那朵美丽的花，就打开书来看。啊！这本她原本看厌的旧书，写着她从来也没有看过的新故事，她一口气读完了这个新故事。

第二天，小姑娘忍不住又打开书来看，她更加惊奇了，她看到的又是一个和昨天不一样的新故事。

这时候，小姑娘突然看到了住在书里的小蚂蚁，问："你是一个字吗？""是的，我原来是一只小蚂蚁，现在，我住在书本里，是会走路的字了。"会走路的字？小姑娘明白了，这本书里的字，每到晚上就走来走去，书里的故事也就变来变去了。

是的，第三天的早晨，小姑娘在旧书的封面上发现了一个字，他呀，走得太远，不认识回家的路了。不过，这些字没有一个想离家出走的，他们全住在一起，快快乐乐的，每天编出新的故事。

从此，小姑娘再也没有买过故事书。

屎壳郎喜欢圆形

屎壳郎先生喜欢缩成一团，把自己变成一个"圆球"。

"圆球"顺着公路一直滚，滚到一个农庄，终于停下来了。他舒展了一下身体，笑着说："我喜欢圆形。"于是，他筑了一个圆形的泥房子，快快乐乐地住了下来。

他的邻居是勤劳的兔子太太和鼠先生。他们不喜欢圆形，但这不影响他和邻居们的友谊。

春天，屎壳郎先生躺在草地上看邻居兔子太太洗衣服，天空中飘满了圆圆的肥皂泡，一个一个透明的圆泡泡在阳光下变成彩色。

当屎壳郎先生忙着追赶肥皂泡的时候，兔子太太已经去种萝卜了。兔子太太担心地说："屎壳郎先生每天追肥皂泡，到了冬天会又冷又饿的。"

可是，屎壳郎先生喜欢圆形，他觉得追肥皂泡是一件快乐的事情。

夏天的时候，屎壳郎先生捡到了一根铁丝，他把铁丝做成了一个铁形的圈，用另一根细铁丝拨着滚动，跑遍了整个农场。

鼠先生说："屎壳郎先生每天都追一个圆形的圈，到了冬天他会后悔的。如果他对圆形感兴趣，可以帮我运大豆啊，我会分一些大豆给他。"鼠先生种的大豆又大又圆。

可是，屎壳郎先生觉得滚着圆铁圈跑遍农场是一件快乐的事情。

不过从秋天开始，屎壳郎先生的大部分时间总在寻找牛粪——圆圆的牛粪。

兔子太太说："牛粪是废物，可是，屎壳郎先生却搬了很多放到自己家里。"

鼠先生说："因为牛粪是圆形的，屎壳郎先生的兴趣爱好真的非常奇怪。"

正说着，屎壳郎先生推着一个大大的、圆圆的、棕色牛粪回来了，就像滚着皮球。屎壳郎先生喜欢圆形，他觉得推牛粪也是一件快乐的事情。

寒冷的冬天很快就来了，一连下了很多场大雪。大家都到雪地上滚雪球，屎壳郎先生做的雪球圆圆的、白白的，他捡来的牛粪圆圆的、黑黑的，放在一起怪怪的。

大家都觉得好冷啊，兔子太太和鼠先生希望得到柴火取暖。可是，到哪里去找柴火呢？这时候，屎壳郎先生推着牛粪来到邻居家里。

"给，这是冬天里最好的柴火。"屎壳郎先生点燃牛粪。啊，牛粪可以当柴火燃烧啊。一点没错，牛吃进去的是草，圆圆的牛粪就像是一团一团的干草啊。

兔子太太和鼠先生说："看起来，那些肥皂泡、铁丝和牛粪都是些没用的废物，可是，到了屎壳郎先生这里，却能制造出很多的快乐。"他们拿来胡萝卜和大豆换了许多许多牛粪。

现在，屎壳郎先生点燃了牛粪，在温暖的圆形房子里，悠闲地吃着胡萝卜和大豆，然后他笑着说："我喜欢圆形。"

斑马生活在城市

我生活的城市里，住着一位斑马先生。他常常向我抱怨说："为什么这个城市里有那么多的人，那么多的汽车，那么多的房子，那么多的老鼠，而只有我一匹斑马？"

我不知道怎样安慰斑马先生。确实，整个城市都被人类占据着，只住着一匹斑马。

斑马先生浑身黑白的条纹，站在城市的任何一个角落，人们都会很容易就发现他的。

他依靠粉刷维持生活。

冬天的时候，斑马先生给树干刷白色的石灰。斑马先生刷了整整一夜，一直到天亮。他把整个城市里的树都刷成了黑白条纹的。

人们看见这些变成黑白条纹的树，惊奇地说："啊，一定是斑马先生刷的，真好！"

于是，当斑马先生给汽车油漆的时候，把汽车也都刷成了黑白条纹的。

人们看见斑马先生油漆过的汽车，高兴地说："啊，一定是斑马先生油漆的，真有趣啊！"

斑马先生开始粉刷这个城市的每一幢房子，他把房子也粉刷成了黑白条纹的。

人们住在斑马先生粉刷过的房子里，不高兴地说："事情开始变得糟糕了，这个城市要变成斑马的城市了。"

斑马先生自己也不高兴起来，他发现，整个城市都是黑白条纹的，他站在城市的任何一个角落，人们都很难找到他。大家说："那只斑马到哪里去了，他把我们的城市弄得乱七八糟，自己躲到哪里去了。"

斑马先生伤心了起来，他用了很多天把所有的房子、车子和树都刷成了原来的颜色。

人们在恢复了原样的城市里平静地生活着。但是，我开始想念起那匹斑马，想起他黑白条纹的身影出现在城市的任何一个角落。

有一天，我看见在马路上出现了一道道黑白的线。"啊，这是斑马画的线，是斑马线，那匹斑马，他一定还在我们城市的某一个角落。"

大头鱼在雨天和晴天

大头鱼居住在河底一幢小小的房子里，水草缠绕着他的窗户。

从卵石铺成的路上，大头鱼可以一直走到城市的喷泉下面，然后从喷泉里走出来，抖一抖身上的水珠，他就可以在街头散步了。

大头鱼散步的时候，他的大头皮鞋发出"嗒嗒"的声音。和街上大部分男人一样，他腆着大肚子，抬着头，在街上走着，步子不紧也不慢。

没有人发现，一条鱼和他们一起走在大街上。

可是，就在忽然之间，天上开始下雨了。

街上的男人们有的用报纸遮住自己的光头，有的用公文包顶在头顶，还有的用衣领罩住头顶，大部分的人用双手抱住头……他们跑得飞快，抢着到屋檐下躲雨。

只有大头鱼，他仍然腆着大肚子，抬着头，不紧也不慢地走在大街上。

大街上只有大头鱼走着，大家很快就发现大头鱼的服装是鱼尾服，而且，鱼尾服看起来是不怕被雨淋的。

"啊，是鱼，他是鱼先生。"大头鱼听见有人叫起来，是一个戴草帽的男人，他看上去也不怎么怕雨淋。

大头鱼回头看着的时候，吓了一大跳，他的身后有三只猫跟着。

大头鱼逃回喷泉，从喷泉回到河底。他发誓下次一定要带一把伞，当街上只有他的时候，伞可以遮住尾巴。

大头鱼第二次出门，带上了一把伞。

街上有很多老先生，他们拄着拐杖，步子不紧也不慢。大头鱼把伞当成拐杖拄着，步子不紧也不慢。

没有人发现，一条鱼和他们一起走在大街上。

太阳渐渐升起来，大家撑起了伞。只有大头鱼先生，他用伞遮住尾巴。

"啊，是鱼先生。"大头鱼听见身后有人叫起来。啊，又是那个戴着草帽的人。他说："遮住尾巴也没用，我见过你，你的头特别大。"

大头鱼回头一看，吓了一大跳。在他的身后，有三只猫的影子。

大头鱼逃回河底，发誓再也不会在雨天和晴天上街了，他对自己说："好在除了雨天和晴天，还有阴天。"

下雨的时候，大头鱼在河底睡大觉；出太阳的时候，大头鱼在河底悠闲地喝咖啡、看报。

大头鱼想，世界上最安全的地方大概就是河底了吧，而最好玩的地方，大概就是大街上了，他盼望阴天赶快到来。

蜗牛的森林

蜗牛生活在一片草地上，对于蜗牛来说，这里就像是一片茂密的森林。

可是有一天，草地上来了一只穿红靴子的兔子。蜗牛很热情地向兔子打招呼说："欢迎你来到蜗牛的森林。"兔子听了哈哈笑着说："这样的草地也算森林？最高的草才过我的靴筒。"

于是，兔子就给蜗牛描述了真正森林的样子，那是有着高大树木的地方。

蜗牛很吃惊，世界上还有这样的地方？他决定去寻找真正的森林。

蜗牛上路，什么也不用带，他的背壳房子就是他的一切。当他身体缩进去的时候，他就在休息；当他把身体伸出来的时候，他就在赶路。这样过了许多天。

一天，蜗牛看见四个巨大的树根，啊，这样的大树，只有森林里才有啊。

蜗牛很高兴，他觉得自己到了森林。可是，森林这么大，蜗牛站在地上是看不清楚的，他决定沿着树干一直往上爬。

这是一棵多么老的树呀，蜗牛一边爬一边想着。

蜗牛爬到顶上的时候，感觉到刺眼的阳光，哦，原来他到了大象的背上，那粗粗的树根当然是大象的腿了。

大象一点也不知道自己背上有一只蜗牛，踱着步子慢悠悠地走进森林。啊，蜗牛终于看见了真正的森林。

太阳光斜斜地透过茂密的树叶，像星星一样撒在地上，也撒在蜗牛的背壳上。

这时候，森林里来了一个巨人，大象很热情地招呼他："请休息一会儿吧，这里是大象的森林。"巨人哈哈笑着说："森林？这里的树就和小草一样，才到我的膝盖。"

是啊，大象在巨人面前显得很小很小，森林就在巨人的脚下。

巨人说："再见，小小的大象，我要到我自己的森林里去了。"对呀，巨人一定有着巨大的森林。

当大象又经过草地的时候，蜗牛顺着他长长的鼻子下来了。兔子看见这一切的时候，简直是惊呆了。

蜗牛安安心心地住在自己的森林里了，虽然这里最高的草才过兔子的靴筒。

女巫和老房子

老房子独自站在森林里有很多很多年了。

他没有主人，不属于谁。

他自己照顾自己的门窗。

自己照顾自己的烟囱。

自己照顾自己的地板。

自己照顾自己的火炉。

这一切对于老房子来说，有些艰难，但他能做到。

真的，有一年的冬天，特别冷，老房子给自己生了一堆火。

一个很老很老的女巫路过这里，她的尖鼻子已经冻得非常红了。

她把尖鼻子贴到窗户上，窗户发出了"笃笃笃"的声音，就像啄木鸟在啄树干。

她问："这房子里住的是谁呢？"

房子说："没有人，已经很久没有人住了。"

女巫很吃惊房子会说话，她说："我活了九百九十岁，第一次见到会说话的房子。"

既然房子会说话，那就一定会自己生火炉了。所以第二个问题：没有人住为什么还会生着火炉？女巫就不用再问了。

女巫接着问："你也会冷吗？"

回答她的是窗户发出的一连串"咯吱咯吱……"抖动的声音。

女巫非常喜欢这座房子。

女巫以前从来就不需要房子，夏天和秋天她住在山洞里，冬天她像狗熊一样爬进树洞去冬眠，一直到春天的最后一天才爬出树洞。

"我喜欢你。"女巫对老房子说，"我想做你的伙伴。"

老房子非常愿意。

真的非常愿意，因为女巫只是说做他的伙伴，而没有说做他的主人。

老房子再也不会独自站在森林里了。

他不用自己照顾自己的门窗。

不用自己照顾自己的烟囱。

不用自己照顾自己的地板。

更加不用照顾火炉。

这一切都不用老房子独自操心了。

对于他的朋友女巫来说，做这些事简直是太容易了。

鸟窝里的树

春天，鸟先生用干草和泥土筑了个又大又结实的鸟窝，鸟太太就蹲在窝里孵她的蛋宝宝。

一天，一个鸟蛋骨碌动了一下，呀，是宝宝快要出生了？鸟太太忙起身看那个鸟蛋。"天哪！"鸟太太惊叫起来，原来鸟窝里长出了一棵小树苗，叶子绿绿的、肥肥的，正一个劲地往上蹿呢！

鸟太太孵出了一棵树，这个消息一下传开了。

"快把他砍掉，要不，他会把你们的鸟窝撑破的。"螳螂先生扛着大镰刀赶来了。鸟先生接过镰刀就要砍小树苗。"可怜的小苗苗，瞧他长得多好呀！"鸟太太扑上去拦住了鸟先生。

"那你们就得搬家，你们的鸟窝很快就要被他戳出个大窟窿的。"甲虫先生开来了大卡车，准备帮鸟先生一家运东西。可鸟先生说什么也不愿离开他辛辛苦苦筑的窝。

树苗一个劲地往上长，眼看就要把鸟窝撑破了。"要不，咱们把这小树挪个地方。"鸟先生、鸟太太同时想出了这个好办法。螳螂先生和甲虫先生捋起袖管就动手搬树了。

"可不能碰坏了我筑的窝。"鸟先生叮嘱着。"也不许碰坏了我孵的树苗苗！"鸟太太赶快加了一句。于是，小树苗苗被大家轻手轻脚地从鸟窝里搬下来，种在了泥土里。鸟太太又去孵她的蛋宝宝了。

这时，一个鸟蛋又骨碌动了一下。"哎呀，又要孵出一棵树了。"鸟先生叫起来。鸟太太瞪了鸟先生一眼："我哪能老孵出树来，这回，准是我们的宝宝要出生了。"可不，鸟先生果然成了四个鸟宝宝的爸爸。

在鸟先生、鸟太太的精心照顾下，鸟宝宝和小树苗一起长大了。当四只小鸟学会飞行时，这棵从鸟窝里搬出来的树上开出了粉红色的花。呀，是一棵漂亮的合欢树。鸟先生一拍脑门："嗨！我就是用合欢树下的泥土筑的鸟窝呀！"

当春天又来时，这棵合欢树上出现了四只新的鸟窝。这四只新筑的鸟窝里还会长出小树来吗？这，可说不准啰……

世界上不能只有一个人走路

糊涂先生穿着他的大鞋子，走在大街上。

"对于一个肥胖的人来说，走路是最好的锻炼方法。"这是他坚持步行的理由之一。

可是，还有别的胖子呢？他们为什么都坐在汽车里？

哦，世界上只有糊涂先生一个人走路了，"这世界怎么了？"糊涂先生拍拍额头，他真的弄糊涂了。

"嘀嘀——"

"吧吧——"

所有的车都挤在了一起，车子里的人伸出头等着车子的通行。

"多像蜗牛呀。"糊涂先生自言自语地说着。是呀，汽车都排着队，比走路还慢。

可是，只有糊涂先生一个人在走路。

糊涂先生走路的理由之二是他最近正在琢磨设计耐穿的鞋子。

他的设计遭到了所有鞋子店的反对，本来大家都不走路了，已经很少有人买鞋了，如果再耐穿，一双鞋穿十年、二十年或三十年……那他们只好关门了。

一个人走路，多么寂寞呀！

当糊涂先生走过一片卵石地的时候，他的大鞋子"啪踏啪踏"地响。

"噢，亲爱的鞋子，是你在和我说话吗？是你在对我唱歌吗？是你在陪我吗？"糊涂先生对大鞋子说。

大鞋子还在"啪踏啪踏、啪踏啪踏……"地响着。

对了，我的鞋子不仅耐穿，还会唱歌。

于是，糊涂先生把自己关在了家里。那几天，马路上一个走路的人都没有了。"这是暂时的，过几天，马路上会挤满走路的人，会有许多胖子和我一起走路。"

很快，糊涂先生的鞋子设计好了。糊涂先生穿上在家里走了一圈。顿时，鞋跟里发出了音乐。

糊涂先生就穿着这双鞋走了出去。糊涂先生在一个堵车的地方来回地走。他这样走的目的是想让大家注意到他的鞋子在唱歌。

可是，马路上实在是太吵了，没有人听到鞋子的声音。

糊涂先生失望极了。他独自走进了森林里。森林里静静的，也只有他一个人在走，鞋子发出了好听的音乐。

"能让我穿一下你的鞋子吗？"一只大猩猩问。

"好啊。"只要是冲着鞋子来的，糊涂先生就高兴。

他把鞋子脱给了大猩猩，大猩猩没有鞋子脱给糊涂先生，糊涂先生就光着脚坐在树下，看着大猩猩来来回回地走。

大猩猩穿着鞋子突然就走远了。"喂，我的鞋子。"糊涂先生着急了。可是，大猩猩根本就像没听见一样。他走到马路上了。

马路上还是那样的拥挤和吵闹，可是大家突然就都把头探出了窗外。

"真是好玩极了，大猩猩穿着大鞋子在马路上走。"一位叔叔说。

"他的鞋子真有趣，会唱歌。"一位阿姨说。

"如果用这样的鞋子走路，一定愉快极了。"胖子说。

是呀，可是到哪里去买这样的鞋子呀。

大家都去问鞋店的老板，鞋店的老板想：是呀，这只大猩猩的鞋子是从哪儿来的，我们店里怎么没有呀。

于是，他们就跟踪大猩猩。

大猩猩在马路上逛了一圈就回到森林里了。

糊涂先生还傻乎乎地坐在树底下。

大猩猩把鞋子还给糊涂先生，糊涂先生说："你呀，真是太顽皮了。这可是我发明的音乐鞋噢。"

"你发明的？"鞋子店老板、叔叔、阿姨还有胖子全都围了上来。

糊涂先生很愿意为大家做鞋子，他说："世界上不能只有一个人走路。"

他做的鞋子很牢固，可以穿十年，但是，鞋子店的生意还是很好，因为大家要买各种各样声音的鞋子，有的是要钢琴声音的，有的是要小提琴声音的，有的是要笛子声音的。还有要买各种曲子的，赶路的时候要买欢快的，散步的时候要买优美的，心情不好的时候要买悲伤的。

后来，马路上走路的人就多起来了。起先是胖子都走路了，糊涂先生说："我早就说过，会有很多的胖子和我一起走路的。"后来还有很多的瘦子也来走路了，糊涂先生说："这可是我没想到的。"

狮子卡卡

狮子卡卡长得很高大，和所有庞大的动物一样，小动物们都怕他，所以卡卡很孤独。

有一天，卡卡遇到了一个瘦瘦的老头，这个人就是魔法师咕哩咕。他请求咕哩咕："你把我变成别的动物吧，只要不当狮子。"

咕哩咕就把他变成了小猫。

现在小猫卡卡和一只白猫在街上玩耍，他们追赶老鼠，卡卡不知道用胡子去量洞，结果被卡在了洞口。

白猫带了很多的猫来帮助他，白猫拉住他的尾巴，其他的猫也一只接着一只拉住尾巴。大家都希望把他拉出来。等大家把他拉出来的时候，突然发现，和他们一起捉老鼠的猫原来是狮子。

所有的猫一下子消失在街道的各个角落里。卡卡又变得很孤独，很孤独……

咕哩咕又把他变成了小鹿。

卡卡和一只长角鹿一起捉迷藏。可是，小鹿卡卡的角卡在了树杈里。

长角鹿带了很多的鹿来帮他，他们扳开他的角，突然，他们发现，和他们捉迷藏的小鹿原来是狮子。

大家一下子全消失在森林的树丛中。卡卡又变成了孤独的狮子。他请求咕哩咕再帮助他变一次，并且他说："这次我保证不卡在洞口，也不卡在树杈上了。"

咕哩咕决定帮他第三次。但是，这回他没有把狮子变成别的动物，他把街上的白猫变成了大狮子，还把长角鹿变成了大狮子。

白猫和长角鹿变成了狮子，没有别的小动物和他们一起玩了，他们很孤独。

他们想：原来，很大很大的动物也是需要朋友的。

他们到山上找真正的狮子卡卡玩。现在山上有了三只狮子，他们对着大山吼叫，真快乐。

后来小猫和小鹿又变回了原样，他们还是会上山和狮子卡卡一起玩，因为他们觉得狮子其实是不错的。

再后来，小猫和小鹿带着更多的小猫和小鹿到山上玩，狮子卡卡再也不会孤独了。

他和所有的动物一样，有了自己的朋友。

兔子的胡萝卜

兔子住在城市里，自从有了一个胡萝卜，他的生活就和以前不一样了。他在任何时候都抱着胡萝卜，就连和其他兔子赛跑都抱着胡萝卜；他到哪里也都抱着胡萝卜，就连和其他兔子郊游也抱着胡萝卜。

冬天到来的时候，兔子收拾了行李，决定回到乡下。

一路上，他梦想依靠泥土和他辛勤的劳动得到更多的胡萝卜。他觉得：兔子的幸福生活就应该是这样的。

在树林旁边，风轻轻地吹着灌木，他遇到了雪人。雪人孤独地站在雪地上。

他们一起聊天气情况，聊雪地上的脚印，聊开心的和不开心的事情。其实，雪人最想聊的是胡萝卜。因为他还没有鼻子，他好想拥有一个胡萝卜的鼻子。

但是，雪人没有说出心里真正的想法，他想，或许他还可以拥有这样的鼻子，比如：树枝鼻、红辣椒鼻、瓶盖鼻、报纸卷的鼻子。反正不是胡萝卜鼻子，因为他一眼就看出来，胡萝卜是兔子最喜爱的东西。

临走的时候，兔子突然发现雪人没有鼻子。他想：没有鼻子就不能闻到各种味道，这一定是雪人生活中最遗憾的事情。

所以，兔子决定把胡萝卜插在了雪人的脸上。

雪人还没弄清楚发生了什么事情，兔子就像雪球一样滚动着离开了雪地。

雪人站在空旷的雪地上，闻到空气里弥漫着胡萝卜的味道，他觉得自己是世界上最幸福的雪人。

一只小鸟飞累了，停在雪人的胡萝卜鼻子上休息。

他们一起聊天气情况，聊雪地上的脚印，聊兔子的胡萝卜。

鸟饿了，雪人就让他啄胡萝卜，这是多么有营养的胡萝卜啊。对于雪人，鼻子上站着一只鸟，是非常幸福的事情，而对于鸟，站在雪人的胡萝卜鼻子上，同样是非常幸福的事情。

春天到来的时候，雪人融化在泥土里。

小鸟把吃剩下的半截胡萝卜鼻子种在雪人站过的地方。

没有了胡萝卜，兔子在乡下没事情可做，他决定重新回城市生活。

兔子经过树林的时候，风仍然轻轻地吹过，但他看不见雪人了，兔子有些伤感地擦了擦鼻子。

鸟来了，他是来照看胡萝卜苗的，在雪人站过的地方，鸟让兔子看一棵绿绿的胡萝卜苗。鸟说，这棵胡萝卜苗是雪人让他照看的，这颗胡萝卜苗属于兔子。

乌鸦的新衣

乌鸦穿着条纹的衬衣在河边散步，他的心情特别好。

螃蟹正巧在河边爬来爬去，像在动脑筋，看见乌鸦就打起了招呼："你好，乌鸦，你穿上条纹的衬衣真是太帅了。"螃蟹打招呼的时候，像老朋友一样拍着乌鸦的背，乌鸦的背上留下了一行行黑色的小泥点。

乌鸦不知道，继续散步，走过村庄的时候，小猫悄悄地跟在了后面。

乌鸦什么也没发现，背着手继续散步，小狗跟在后面。

乌鸦还是不知道，踱着步继续散步，小羊跟在后面。

乌鸦的身后，不知不觉地跟了一大群小动物，他们是小牛、小猪、小鸡……

走得很远了，乌鸦就想回家了，他转过身体，看见这么多动物悄悄地跟在他的身后，奇怪地问："为什么大家都一声不响地跟着我？"

小猫说："我们怕打扰你散步，所以悄悄地跟着你。"

小狗说："我们在看你的背。"

"我的背？我的背上有什么秘密？"乌鸦继续问。

小羊说："你的背上有一首歌。"

"一首歌？"

小牛、小猪、小鸡说："我们忍不住了，我们现在就要唱。"

大家就真的唱起了歌。小猫用"喵——"的声音来唱；小狗用"汪——"的声音来唱；小羊用"咩——"的声音来唱；"哞——""啰——""叽——"……其他动物也唱到。

"多么美妙的大合唱呀！"乌鸦高兴极了，也奇怪极了，"可是，这美妙的大合唱就在我的背上，这是怎么回事呀？"

"你的背上有五线谱。"大家一起说。

乌鸦脱下新衬衣，呵，衬衣的条纹上有一个个像小蝌蚪一样的泥浆音符。乌鸦就想起了螃蟹，呵，住在河底的螃蟹原来是一位天才的音乐家。

大家就都穿着条纹衣服去河边找螃蟹，螃蟹在河边爬来爬去，像在寻找东西。

螃蟹看到乌鸦，一拍脑门，说："嗨！我找到了，我把歌写在你的衣服上了。"停了一下，又说："对不起，我不是故意的。"

螃蟹先生真的不是故意的，螃蟹先生看乐谱的时候，脑子里常常一片空白，到了有歌要写的时候，偏偏找不到写的地方，于是就到处乱写。过了一天，螃蟹先生就四处找他写的歌。荷叶上、河边的青石上，说不定都会有螃蟹先生丢的歌呢！

"螃蟹先生，下次你把歌写在我的衣服上，好吗？"小猫说。

"还有我，还有我……"大家都希望衣服上有一首快乐的歌。

乌鸦特别高兴，他穿着涂了泥浆音符的新衣服，到处飞来飞去，把快乐的歌带到森林、草地和城市……

我是蜗牛

　　有一天下雨，我没有带伞。哎！如果我是蜗牛，就不用带伞了，只要把头缩进壳里就行了。

　　我立刻就变成了蜗牛，雨点儿打在背壳上，就像在演奏打击乐一样叮叮咚咚，好听极了。

　　许多蜗牛都在往墙上爬，我刚当上蜗牛爬不快。我看见一只瘦瘦小小的蜗牛，爬在后面，就像我们班最小的豆豆，总也跑不快。我对着他说："我叫你豆豆蜗牛，好吗？"蜗牛用闷罐子一样的声音回答："好的，大家都说我像一颗豆豆。可是现在没空说话，快往上爬，墙脚边会淹水的。"我从壳里探出头看了看，真的，水快淹进来了。哎，当了蜗牛就有了蜗牛的烦恼，我只好跟着往上爬。

　　豆豆蜗牛爬到我跟前的时候，不小心打了个滑，我赶紧去拉他。我忘了我是在墙上爬，结果我和豆豆蜗牛一起摔了下去。

　　"不好了，我的屋顶有一条缝了。"豆豆蜗牛叫起来。

　　"哎呀，我的屋顶上也有一条缝了。雨点儿淋到我的壳里了。"我叫着。

"快去打电话，请人来帮忙。"豆豆蜗牛指着一朵小小的、粉粉的野喇叭花说。

电话？蜗牛们还有电话？是的，他们有野喇叭花电话。

该给谁打呢？摔伤了该请医生的；可是房屋坏了，该请修理工的。

这时候我想起了爸爸，我对豆豆蜗牛说，我有一个万能的爸爸，随便什么事也难不倒他。我拨通了电话"588588"，这是我爸爸的电话号码，特好记，就是"我爸爸我爸爸"，野喇叭花电话意外地接通了。

"爸爸，我和朋友的屋子漏雨了，能来帮我吗？"我急着对爸爸说。

"你和朋友的屋子？"爸爸不明白了。

"对，你走到楼下围墙边，找地上的两只摔坏了壳的蜗牛。"我讲得很明白。

爸爸就撑着伞走到围墙边来了。

"爸爸——"，我大声叫。

"你做了蜗牛，就背着壳爬回家，干吗还爬墙，幸好我有万能胶。"万能爸爸当然能拿出万能的东西来。

"嗨，蜗牛的壳就是家，爬到哪儿都在自己家里，干吗还回家。"我说。

爸爸说："那好吧，等我修好了你们的房子，能不能请我去你们家玩一玩？"

"当然不行，我们这小小的家，只够自己住的。"豆豆蜗牛向我爸爸回答道。

我开始对自己的家不满了，发起愣来。

爸爸乘我发愣的时候，用万能胶补好了我们的壳。

我又变了回去。我和爸爸撑着伞准备回家，豆豆蜗牛很舍不得我们。"谢谢你，万能爸爸。"他说，"如果下次我再摔坏了壳，还能找你吗？"

"当然可以，我家的电话是'588588'。"爸爸对我的朋友一向是很热情的。

"如果没机会摔坏壳，你也可以打电话聊聊天的。"我喜欢听闷罐子一样的声音。

后来，我还常常到墙脚边玩耍，可我没看见过那只用万能胶补过壳儿的豆豆蜗牛。我希望有一天能接到从野喇叭花那里打来的电话。

小丑洛卡

大熊洛卡独自走在森林里。"这样大的森林里，有没有我的朋友？"洛卡问。但是洛卡是一头熊，是一头身体大大的、嗓门高高的熊，大家见了他就拼命地逃。

"我不要做大熊洛卡了。"洛卡到森林里找到了化装师狮子先生，对他这样说。

狮子先生问："那你要做谁呢？"

"随便吧，怎么不像我，你就怎么化装。"洛卡说。

狮子先生的化装水平真的有些糟糕，听到洛卡这样说倒是很高兴，他说："那就好办了，我可以随便化装了。"狮子先生就开始为洛卡化装。

等狮子先生化完装，洛卡就坐到镜子前去看："这是谁呀？"洛卡指着镜子里的人问狮子先生。

狮子先生说："这是小丑洛卡啊。"

狮子先生好欣赏自己的化装呀，连大熊都认不出自己来了。

好啊，小丑洛卡就这样走进了森林。

小丑洛卡有着宽宽的嘴巴、圆圆的鼻子、小小的眼睛，样子真滑稽。他在森林里刚一出现就被大家包围了起来。

"洛卡，他和大熊叫一样的名字，可是，他比大熊温柔多了。"小猴这样说。

"你一定是从马戏团出来的！嗨，你能为大家表演一个节目吗？"小鹿提议说。

"我当然可以了，我会表演鼻子上顶东西。"洛卡回答着。

"那好啊，你顶水壶怎么样？"小猴拿出了一个灌了水的壶。

洛卡就用鼻子顶水壶，他把水壶倒过来放在鼻子尖上。刚刚放上去，水壶的盖子就掉了。水洒了出来，洒在洛卡的脸上，洛卡脸上的化装全都露馅儿了。

洛卡用手臂捂住了脸，蹲在地上再也不肯起来了，大家以为洛卡是故意这样表演逗大家笑的，就哈哈地笑个不停。

等大家笑够了，就去拉洛卡，洛卡露出了原来的样子。

"啊，是大熊洛卡，他就是大熊洛卡。"大家都叫起来，但是大家并没有想逃走。

洛卡却逃了，他逃得可快了，后面的小动物追也追不上，一直逃到狮子先生那里。

狮子先生就为洛卡重新化装成另外的小丑，这一回啊，就干脆变成红眉毛、绿耳朵了，模样更怪了。洛卡说："画吧，画吧，把我画得越丑越好。"

当动物们看见洛卡扮演的红眉毛小丑的时候，没有一个再笑了。大家把他围在中间说："我们知道你就是大熊洛卡，我们愿意和你做朋友。"

"真的？"洛卡高兴得跳起来。

"是的。"小动物们怎么不愿意有这样一个朋友呢？

后来，大熊洛卡真的很愿意扮演小丑，为大家表演节目，他的化装师当然还是狮子先生喽。

小熊洛卡

小熊洛卡住在野栗子树旁边的小屋里。

夏天，野栗子树上结满了果实。

"啪嗒——"，一颗很大很大的野栗子敲响了小熊的屋顶，打碎了一片瓦，野栗子从屋顶蹦到了小熊家的床底下。

一缕阳光透过屋顶的小洞照射在小熊家的地板上，地板上出现了一只小鸟的身影。

小鸟站在屋顶上问："洛卡，能把那颗野栗子还给我吗？"

"这是你的栗子吗？"洛卡问。

"不是，可是，我等了很久很久，就是为了等他长熟。"小鸟回答说。

"要知道，他敲碎了我的瓦。"洛卡看着屋顶的小洞回答。

小鸟知道洛卡生气了，就飞走了。

转眼到了秋天，野栗子树的叶子开始变黄，一片一片地飘落下来。

有一片带着水珠的叶子飘进了洛卡家的窗户。洛卡正在窗户旁边给好朋友写着信，树叶上的水珠打湿了洛卡的信纸。

兔子站在窗口说："洛卡，你能把那片树叶给我吗？"

"这是你的树叶吗？"洛卡问。

"不是，可是，我等了他很久很久，一直等到他变黄。"兔子说。

"要知道，他弄湿了我的请柬。"洛卡看着请柬上打湿的字心疼地说。

兔子知道洛卡生气了，就走了。

冬天到来的时候，洛卡的小屋被大雪覆盖起来。洛卡和所有的熊一样，马上就要冬眠了。

一朵雪花从钥匙孔里飘进小熊的屋子。小熊伸出毛茸茸的大手接住雪花。

"洛卡，请把雪花还给我。"一个声音也从钥匙孔里钻进来。

"你是谁？这片雪花是你的吗？"洛卡问。

"我是风，这片雪花不是我的。"风出现在洛卡面前回答着。

"那我为什么要给你呢。"洛卡说。

"因为我爱她。"风一个字一个字地说。

洛卡愣住了，他松开手掌，那片雪花早已经融化了。

"我知道，到了春天冰雪都会融化，但是，本来我爱她可以爱到春天的。"风伤心地说完又从钥匙孔里离去。

小熊听着风的声音"呼呼——"地远去，心里也觉得伤心起来。他突然拿出那颗野栗子和那片黄树叶。

然后，他开始拨他的闹钟。春天到来的时候，他要第一个醒来，把野栗子和树叶还给爱他们的小鸟和兔子。

骨碌碌滚的啤酒桶

　　小卡里的家住在咔吧尔镇上，这里的居民胆小而勤劳，他们依靠酿制啤酒生活。

　　一天夜里，小卡里听见啤酒桶骨碌碌滚过街道的声音。

　　听见啤酒桶滚过街道的还有咔吧尔镇的其他居民，他们中间有男人也有女人，有大人也有孩子。

　　顺便再提一下，咔吧尔镇的居民都是胆小鬼，所以他们都只敢躲在门缝里看。只见一个黑影，滚着好几个啤酒桶往镇外面走去，黑影赶啤酒桶的样子就像赶着一群羊，啊，是一个大胆的贼？他在偷啤酒。

　　可是，他们只能躲在门里面，心里乞求着："给我们留下一些吧，我们还指望用酒换钱呢。"

　　这些啤酒桶里有一个是小卡里家的，小卡里的妈妈在啤酒桶上面画了红色的标记：K L。

　　小卡里很怕家里的啤酒被偷走，如果被偷走了，小卡里的妈妈就不能用啤酒换钱了，没有钱，小卡里一家就无法生活。

很多年以前，小卡里的爸爸因为不想做胆小窝囊的男人而离开了咔吧尔镇。

妈妈说："其实，你爸爸是天底下最胆小的人，他连在这里居住下去的勇气都没有。"妈妈说完就会流泪。

小卡里的妈妈在门缝里看见自己家的啤酒桶骨碌碌滚远了，心疼地流着眼泪，她也是一个胆小的女人，却独自抚养着小卡里。

小卡里不能让妈妈伤心，他奔跑着去追啤酒桶。那个黑影看见小卡里追上来，把啤酒桶丢在路边，跑得更快了。小卡里还一直追。追到玉米地边上，黑影停了下来，他转身对小卡里说："太好玩了，第一次有人和我玩。"小卡里惊奇地发现，那是一张毛茸茸的狗熊脸。

接着，玉米地里走出一位狗熊妈妈，她对小熊说："你太调皮了，咔吧尔镇上的居民都是胆小的，我们不能去吓唬他们。"

她看见了小卡里，觉得非常意外，她说："很多年了，我们怕吓坏了咔吧尔镇的居民，所以从不去打扰他们，一直都孤独地生活在这里。"

接着，熊妈妈从路边找回了啤酒桶，原来那些骨碌碌滚着的啤酒桶都是空的，熊妈妈在空桶里装满了玉米汁，让小卡里带回咔吧尔镇，以表达熊的歉意。

小卡里推着骨碌碌的啤酒桶回到咔吧尔镇。咔吧尔镇的居民全都打开了门，他们为小卡里鼓掌，小卡里把玉米汁分给大家，并且告诉大家熊的故事。

　　一位大婶说：“我以为胆小不关别人的事，谁知道也会影响别人。”

　　一位大叔说：“真是很奇怪哦，我感觉自己的胆子大多了，如果这时候真的有贼来，我不会让孩子独自去追了。”

　　后来，小卡里的爸爸也回到了咔吧尔镇，因为他听说咔吧尔镇的所有人都努力想成为一个勇敢而勤劳的人，就像小卡里那样。

第十二只枯叶蝶

十二只枯叶蝶悄悄地住在一棵树上，他们枯黄的外衣就像秋天的树叶，连住在树上的乌鸦也不知道树上还住着枯叶蝶。

乌鸦站在树枝上数着叶片："一片、两片、三片……"乌鸦数困了，就睡着了。

枯叶蝶开始商量："天已经很冷了，从明天起，我们就像树叶一样飘落到地面，然后找地方藏起来。"

第二天，十一只枯叶蝶已经躺在树底下的落叶中了，就剩下第十二只动作慢的枯叶蝶还留在最高的树枝上。

乌鸦一觉醒来，看见树枝上只剩下一片树叶了，叹了口气说："啊，就剩下你一片了。你的颜色这么枯黄，你是留下来陪我的吧。"

十一只枯叶蝶焦急地在落叶中向第十二只枯叶蝶眨着眼睛，晃动着触须，他们在催促他快快离开树枝，来到伙伴们中间。第十二只枯叶蝶却一直都没有动，他对伙伴们说："乌鸦邀请了我，我就留下来做一片不会飘落的树叶吧。"伙伴们只好都飞走了。

夜晚，月亮挂在树梢上，枯叶蝶像树叶一样在风里簌簌地抖，他从最高的树枝挪到了最低的树枝上，那儿的风小一些。

乌鸦看不见树顶的叶片，很失望。他独自讲起了自己的故事：去年冬天，光秃秃的树杈上就剩下一个乌窝，乌窝里就住着一只乌鸦，对着冷冷的月亮，乌鸦觉得好寂寞。那只乌鸦就是我。

枯叶蝶听着乌鸦的故事，悄悄停在乌鸦眼前的树枝上。

乌鸦张大了黑豆一样的眼睛说："呵！你就是树顶的枯树叶。一定是太顽皮从树顶跌到这里来了。可是你别怕，我会好好照顾你的。"

夜晚，刮起了大风，乌鸦在暖暖和和的窝里，惦记着外面的"枯树叶"："枯树叶，枯树叶，你不是会走吗？你自己走到我的窝里来吧。"

枯叶蝶感觉要让风给吹走了，就像树叶一样飘进了乌鸦的窝里。

乌鸦惊奇地发现，这片枯叶，原来是美丽的蝴蝶，他的枯叶一样的翅膀打开后就像花儿一样鲜艳、美丽。乌鸦用温暖的翅膀替他挡风。

在这个刮风的日子里，第十二只枯叶蝶开始惦记起自己的同伴，不过，留下来和乌鸦做朋友，枯叶蝶永远也不会后悔。

袋鼠的袋袋里住了一窝鸟

蹦蹦是一只跑得很快的袋鼠。一天，他跑得太快，一头撞上了路旁的小树。

如果他碰倒的是一棵普通的小树也许就没有后面的故事了，可是，蹦蹦的运气不太好，他碰倒的是一棵住着一窝鸟的小树。

"真没想到，鸟会找这么低矮的树住下。"蹦蹦说。

"只要是树，鸟就能住。"鸟先生当初选择家的时候就是这样对鸟太太说的。

鸟太太叽叽喳喳惯了，这回却半天没吭声，这样惊险的事，迟早会发生。可是鸟先生图住在小树上飞来飞去方便，就是不愿搬家。

"谁撞了我们的家，谁就得赔。"鸟先生一把拉住袋鼠。

"赔？赔鸟窝？"蹦蹦可发愁了，"哎！谁让我这么倒霉呢？那好吧，我去找干草、泥巴，你们等着。"说完用尾巴调整好方向，准备走了。

"等一等，我们大大小小的一家子必须有一个安全的地方避避风雨。"鸟先生紧紧拉住蹦蹦。

蹦蹦说："那好吧，你们先到石洞里躲一躲。我在那儿藏过粮食，没淋过一滴雨。"

"不行。"鸟太太这时说话了，"我们不是粮食，不能住石屋，那儿太冷。"

"那好吧，你们住树洞屋。我在那儿藏过贝壳钱，一个也没少，很安全。"

"不行。"鸟太太更加不高兴了，"我们更不是钱，那样的屋子太闷，我们怎么能住呢？"

"那，那，那怎么办呢？"蹦蹦真不知道撞到一窝鸟会这么麻烦。

鸟先生突然围着蹦蹦看了又看，看得蹦蹦莫名其妙。

"我们住你的袋袋里就行了。"鸟先生说的正是鸟太太想的。

尽管蹦蹦一百个不愿意，可他的袋袋还是成了鸟窝。

"但愿是临时的。"蹦蹦一边找干草一边嘀咕着。

鸟的一家可不想再搬家了，这袋袋多好啊，又温暖又安全，最主要的是，这是一个蹦蹦跳跳的移动鸟窝。还有意想不到的好处，就是蹦蹦昨天去了电影院，买了一张票，结果小鸟一家就被带进了电影院，白看了一场电影。

可是当蹦蹦走进自助餐厅时，狗熊经理一伸手说："请您买五张票。""为什么？"袋鼠蹦蹦不明白。"因为您还带着四只鸟。"狗熊经理回答说。

"是，可是他们只是四只住在我这里的鸟，他们不是来吃自助餐的。"蹦蹦解释着。

"我不管，进来一个就得一张票。"狗熊经理坚持说。

为了自己肚子不饿，蹦蹦买了五张票，他心疼地说："如果每回吃饭都这么破费，我很快就会破产的。"鸟的一家饱餐了一顿，别提有多高兴了。

两只小鸟渐渐长大了，他们开始学唱歌，当蹦蹦在树林里散步的时候，两只小鸟就开始唱歌了，听着歌儿散步，这是多么美妙的事情呀，蹦蹦陶醉了。过了一会儿，鸟妈妈开始唱催眠曲了，鸟妈妈唱了一遍又一遍，两只小鸟就是不睡觉。蹦蹦却迷迷糊糊起来，一连打了十个哈欠，"咚"的一声，又一次撞到了树上。

"还好，这回树上没有鸟窝。"蹦蹦被撞得有些糊里糊涂了，还没等他回过神来，一群野蜂向他冲过来，糟糕，他撞上了一棵有蜂窝的树，要是蜇人的蜜蜂也要赔蜂窝，住进袋袋，那可就完了。蹦蹦拔腿就逃，蜜蜂们紧紧追上来。袋袋里鸟的一家拉直嗓子一个劲地喊："蹦蹦加油！蹦蹦加油！"蹦蹦被追得没办法，跳进了一个臭泥潭，在泥潭里打了个滚。这下，蹦蹦变成泥巴袋鼠，浑身臭烘烘的。

鸟的一家受不了了，他们决定搬出去。"我们可以暂时到树洞里住几天。"鸟妈妈说。"是的，记住，是暂时的。"鸟妈妈说。

没有鸟的一家住在袋袋里，蹦蹦是多么自由呀。他宁愿做一只浑身臭烘烘的泥巴袋鼠。

大鲸鱼在海边

　　海边可真热闹呀！大钳子海蟹、慢吞吞海龟、小扇子海贝都在爬来爬去捉迷藏，他们笑呀唱呀，可快乐了。一条生活在深海里的大鲸鱼听到笑声，想：等到了海水涨高的时候，我一定也要去玩一玩。大鲸鱼就这样靠近了海边。

　　海边从来没有来过大鲸鱼，小动物们很害怕，一下子全都躲起来了。大鲸鱼又想：他们一定是在和我捉迷藏，我去找他们。是的，他看到海蟹藏在岩石后面，只露出毛茸茸的后腿；海龟把自己埋在沙里，只留下一对眼睛在沙地上。

　　大鲸鱼向沙滩游过去，像一条大船稳稳地靠了岸。这时候，海水落潮了。大鲸鱼就这样留在了沙滩上。

　　太阳火辣辣地烤着沙滩，大钳子海蟹、慢吞吞海龟、小扇子海贝都要回家去了。他们说："大鲸鱼好像睡着了，我们从他身边绕过去。"当他们走过大鲸鱼身边的时候，听到一个微弱的声音："快救救我，我快要死了。"啊，大鲸鱼闭着眼睛真的快要死了。

　　大钳子海蟹说："大鲸鱼是为了找我们玩才来到沙滩

上的，我们应该救他。"小扇子海贝说："可是，他那么大，我有些怕。"慢吞吞海龟说："大鲸鱼已经没有力气了，我觉得他一点儿也不可怕，很可怜的。"

大家就动手抢救大鲸鱼。

慢吞吞海龟请来了许多的海龟兄弟，他们从大海里背来一桶桶的水，浇在大鲸鱼的身上、嘴里，大鲸鱼就不会干死了。大钳子海蟹和小扇子海贝找来许多海蟹、海贝，像蚂蚁搬豆一样，搬大鲸鱼的身体，可是，不行，大鲸鱼实在是太重了，大家费了好大的劲，大鲸鱼还在原地。大家只好学海龟不断给大鲸鱼身上浇水。太阳还在火辣辣地烤，海龟们也快撑不住了。

"我们得找别人来帮忙。"慢吞吞海龟提议。大钳子海蟹马上说："我认识小猴子，就住在沙滩边上，我找他帮忙。"

大家就找来了小猴子，小猴子看着搁浅的大鲸鱼说："光凭我们用力搬一定是不行的，我们可以用绳子拉。"于是小猴子找来了绳子，大家用绳子系住大鲸鱼的身体，小猴子喊"一、二、三——"，大家就开始拉。可还是不行。

小猴子想了想，又请来了大象，大象帮忙一起用力拉，还是拉不动。大象说："光凭我们用力拉是不行的，我们还可以在大鲸鱼的身体底下垫上圆圆的木棍，然后再来拉。"

大象找老虎帮忙，老虎和大象一起搬来许多的木棍，他们把木棍塞进鲸鱼身体底下松软的沙里。

老虎说："别光拉呀，有时候，推要比拉更省力。"于是，大伙有的拉，有的推。

大鲸鱼的身体真的开始动了，大家就用这样的办法，把大鲸鱼运到了海水里。

大鲸鱼到了海里，就醒过来了，他感动地说："真没想到，我到了一次海边，能认识这么多热情又聪明的好朋友。谢谢你们救了我！"

大伙都说："欢迎你到海边玩，只是别太贪玩了忘了回家。"

大鲸鱼就要回家了，他游到大海中间的时候，喷了一个大水柱，就像公园里的喷泉，他是在向大家告别呢！

阿虎的名片

老虎阿虎把自己伪装成胖子先生来到了城市。

城市里有一家"胖子"面包店，店里有一位瘦瘦的面包师，他做的面包把别人都吃成了胖子，而他因为生意太好，不停地做面包，所以就越来越瘦了。

老虎就走进了这家面包店，一口气吃完了店里所有的面包。

"还有面包吗？"阿虎还想吃。

瘦面包师走过来说："对不起，您的胃口实在太好了，如果您需要，我可以连夜做，明天就送到您的家里。"

"这样太好了。"阿虎说，"这是我的名片，请按上面的地址送吧。"

瘦面包师看也没看就揣进了口袋。到了晚上，瘦面包师掏口袋发现了名片。只见名片上印着：阿虎，国家一级保护动物；住址：森林里第一百二十二号树旁的山洞。

"我真是太出名了。"瘦面包师对自己说，"连森林里的老虎都爱吃我做的面包。"

这时候，阿虎正在城市广场，那里正在进行时装表演，他看见一个女模特，穿着老虎花纹的衣服，全身充满了活力。

"她穿着这件老虎花纹的衣服太美了。"阿虎激动地为女模特献上鲜花。

一位摄影师为他们拍了一张合影说："请给我留地址，我给您寄照片。"

阿虎递上名片说："请按这个地址寄给我。"

阿虎离开以后，摄影师才去看那张名片，啊，这是老虎的名片啊。这张照片太珍贵了。

阿虎在城市里玩得很高兴，准备回森林了。他很得意地想：嘿，没有我的提醒，谁也认不出我是老虎。

在城市的屋檐下，阿虎又遇到了一只猫，猫摸摸自己的尾巴说："我知道你不是人类。"

阿虎也摸摸自己的尾巴，说："你猜对了。别人都没有发现我有尾巴，你很厉害。"

猫说："那当然，我们都是猫啊，对了，你好像有些胖，你要注意减肥啊，否则捉老鼠的时候会在洞口卡住的。"

原来，猫还是没有认出他来，他很宽容地对猫笑笑，给猫留了一张名片，名片上印着：阿虎，国家一级保护动物；住址：森林里第一百二十二号树旁的山洞。

过了一天，阿虎回到了森林，他收到了城里送来的面包，还收到了照片。而猫呢，带着小猫，到森林里找阿虎春游来了。

猫的演说

狗不太愿意和别人说话，理由有以下两点：

1.他是一条狗，狗不会像猫那么爱唠叨，真正的狗是不怎么说话的。

2.狗刚刚从乡下来，在陌生的城市，一条沉默的乡下狗不会很快得到朋友。

所以在秋天的夜里，狗独自在路边走着，道路上落满了梧桐的叶子，一片一片，像是天空寄来的明信片，但是，狗没有去捡，他只是用他带铁钉的鞋底踩着枯黄的落叶，发出碾碎的声音。

这是狗在秋天的夜里弄出的唯一的声音。

在一盏路灯下面，一片树叶落在狗的头上。狗抖了抖耳朵，发现一个高大的圆形水泥管道，路灯那柔和的光束笼罩着水泥管道，让狗觉得很安全。今夜狗决定住在这里。

狗打开了自己的行李。

洞外传来一个声音："嗨！朋友，让我进来好吗？"

"好的。"狗把地方挪出来一些。

"我是演说家黑猫。"黑猫说话的时候故意动着他的胡子，显得很有表情。

"听说过演说家吗？演说家只有一个任务，就是不断说话。但是，演说家也要睡觉，睡着了一般不说话，有时候也说说梦话。"

哦，真是唠叨的黑猫。

黑猫喜欢说话，用他自己的话来说，理由也有以下两点：

1.他是一只猫，是猫就喜欢"喵喵"叫。这没有什么可奇怪的，就像青蛙喜欢唱歌，蚱蜢喜欢跳高，老鼠喜欢啃木头，粪金龟喜欢推粪。

2.他最崇高的理想就是成为一名伟大的演说家，演说对猫科动物的思想将会产生极大的影响。也许不光是对猫科动物，对鸟类、昆虫类甚至人类都会产生影响。

这会儿，他打量着狗，然后说："我认为，现在你应该听我的演讲。"

"不，我需要休息。"狗说。

"可是，我在各种各样的城市生活了很多很多年了，最大的体会就是，城市的交通糟糕透了，如果你不注意，会被公共汽车门、商场门夹住尾巴的。"

真的，对于有尾巴的动物，这是很麻烦的事情。

"我想，狗应该非常爱惜他的尾巴，因为狗用尾巴来表达自己的心情。如果快乐，会摇尾巴的；如果不快乐，会让尾巴拖在身后，是吗？"黑猫一个劲地说，他相信狗需要这样的指点。

狗歪着头，只是"哼哼"了一下。

"很好。"黑猫说。黑猫认为狗表示同意的方式就是这样的。

第二天早晨，狗睡到很晚，昨晚上猫好像一直在唠叨，狗根本就没有睡好觉。当他醒来的时候，他想对那只猫说："我该走了。"然后，头也不回地离开了。

可是，他发现黑猫已经离开了，只留下几根黑色的猫毛。

狗走到巴士站旁，一辆巴士停了下来，狗上车的时候，小心地把尾巴拉进车厢；当狗下车走进商场的时候，他也同样把尾巴拉进商场的门里。

狗突然想起昨晚那只黑猫。他想黑猫的理由有以下两点：

1.猫是狗在陌生的城市里遇到的第一位朋友。在这样的夜里遇到这样一只黑猫真有些意思。

2.狗想对猫说一句话："有时候唠叨也是有好处的。"

于是，狗用他带铁钉的鞋底踩着枯黄的落叶，发出碾碎的声音，树叶一片一片飘落下来，落在狗的头上，狗抖了抖耳朵，他发现自己又走到了那盏路灯下面。

（原载于《儿童文学》2002年第10期）

长不大的向日葵

这是一株比别人晚出世的向日葵。

夏天，别的向日葵花盘中长满了黑黑的种子，而他，却永远也长不大了，他只是无力地开着一朵小小的花。当那些长着种子的向日葵快乐地离开田野，整个秋天的风里，只剩下他孤零零地摇摆。他常常对自己说："也许，我是多余的。"

天渐渐冷了，草儿开始枯黄，兔子出来觅食吃，一眼看到了长着绿叶的向日葵，"唰唰唰"地吃光了他所有的叶子。向日葵叹着气说："吃吧，吃吧，我很愿意我的叶子能有些用处。"

现在，他光秃秃的杆子顶着一朵小小的花儿在寒风中发抖，小羊看到那迎着太阳的金黄色花瓣，"嚓嚓嚓"吃掉了几乎所有的花瓣（不，还剩下一片），向日葵真愿意羊儿把剩下的最后一片花瓣儿也吃了，与其让他在一天天变冷的阳光下慢慢地褪色，还不如让他做了小羊可口的佳肴。

一个画家经过这儿，看见了这棵几乎是光秃秃的向日葵。于是，画家画了一幅画：在苍茫的田野上，挺立着一株没有叶子的向日葵，他最后的一片黄色花瓣正对着天边那个红红的落日，谁也说不出这幅画着残缺向日葵的画究竟美在哪里，但画家却因此而出了名。

一头老牛慢慢地踱过来，他吃掉了最后一片花瓣和茎。画上的向日葵缓缓地舒了一口气，轻轻地对自己说："看来，我是一点也不多余的。"

他很感谢老牛。

大象的脚印

大象走到合欢树下的时候，一只飞虫落在了他的耳朵上，大象非常生气，重重地跺了几下脚，小飞虫就飞走了，大象也慢悠悠地走了。

一场暴雨过后，树底下出现了四个大水坑。

蚁王派出蚂蚁侦察兵。

"报告大王，出口处有四个大水坑，像四条大河，堵住了我们所有的通道。"

蚁王马上召集蚂蚁们想办法。

"报告大王，我们可以组织一支树叶船队，派水兵蚂蚁出去请求援助。""我们还可以组织一支合欢花跳伞队，派伞兵蚂蚁跳伞着落。"

"对对对，赶快行动。出发！"蚁王一声令下，几十片绿色的树叶飘向水面，几十朵粉红色的花儿飘向地面。

不一会儿，伞兵和水兵就在对面的草地上汇合了，他们去找其他昆虫帮忙，可是面对四个大水坑，谁也没有好办法。

"我们去找大象和飞虫评理。"伞兵蚂蚁提议，"大象，不，大象又高又大，万一生起气来——不行不行。"水兵蚂蚁一个劲地摇头。"那就找飞虫算账。""对，找飞虫。"

他们在草地上找着了飞虫，飞虫吃饱喝足了腆着大肚子乘凉呢。蚂蚁们把他全身捆住抬了起来。

飞虫很委屈："我只不过在大象的耳朵上歇了歇脚，有什么错？"

"都怪你，如果不是你惹恼了大象，大象怎么会在我们家门口跺脚。"蚂蚁和飞虫争吵起来，引来了森林里很多动物。

大象也听说了这件事，踱着方步走来了："噢，这不怪飞虫，是我，是我大象的错。"

"什么？"大伙儿简直不敢相信自己的耳朵，面对这么多的动物，高大的大象向小蚂蚁认错？

大象来到合欢树下："嗯，的确积了许多水，我可没想到会这样。"说完甩着长鼻子用力一吸，水被吸干了，露出四个大大的脚印。

"大家听着，今后谁也别在别人家门口跺脚。"大象说完在土坑里填满了土。

蚁王从新铺的路上走了过来，他命令蚂蚁们在刚填的土里撒上青草种子。

过了些日子，大象的脚印上长出了绿绿的青草，成了四只绿色的脚印，也成了蚂蚁们四片绿色的大草原。

叮当响村庄

叮当响村庄里，住着叮当响的狗、叮当响的猫、叮当响的马——他们脖子上都挂着叮当响的铃铛，只要一动弹，就会发出叮当叮当的声音。有趣的是，叮当响村庄里的每一个居民都是从城里搬来的。

狗原来住在富人家，有吃有穿，活得挺自在，可自从系上了铃铛，那滋味就不一样了。有一回狗去撒尿，腿一抬，铃铛就发出响声，引得大家对着他瞧。狗很在乎有人看他小便，从此再不敢小便，实在憋不住了，就逃了出来。

猫住在一个穷人家里，那家的老鼠特别多，猫也因此活得挺满足。可自从系上了铃铛，猫的生活就变了样。因为铃声，猫再也捉不到老鼠，只能吃主人的剩饭，猫很不习惯，就溜了出来。

马住在一个做豆腐的人家，帮主人拉磨，自从系上了铃铛，马就得一刻不停地干活。只要铃声一停，主人的鞭子就会落在他的屁股上。马实在受不了这辛苦，就偷跑了出来。

他们在这里安下了家，虽然躲避了人们的目光和管束，可那叮当响的铃铛却始终在脖子上拿不下来。

这一天，来了一个小男孩，他的脖子上也挂着小铃铛，他也是从家里逃出来的。既然他也挂着铃铛，当然有理由住在叮当响村庄喽！

叮当响村庄一向平平静静，人们不会因为丢了只动物而来这儿四处找。可这一回丢了一个男孩，男孩的父母自然就赶到了叮当响村庄。他们在这里看到了叮当响的狗、叮当响的猫、叮当响的马和他们叮当响的儿子。

"瞧你都干了什么？把孩子像这些可怜的动物一样用铃铛拴着！"爸爸冲着妈妈大声吼叫。妈妈辩解说："我只是想看着他，保护他，这些动物的主人一定也是为了看着他们，才——"

什么？看着？叮当响的村民最讨厌让人看着了，"叮当，叮当！"所有的动物头靠头，肩并肩，相互碰撞，发出整齐的叮当声。妈妈听出了叮当声里的不满，红着脸低下了头。爸爸拿出钳子，剪掉了儿子脖子上和动物身上的铃铛。"噢——"，动物们欢呼起来，奔跑起来，没有了叮当叮当响的声音，他们跑得多轻松，多自由呵！

叮当响村庄再也没有叮当叮当的响声了。动物们依旧留在这里自由自在地生活着。那男孩常到这里来玩，取下了叮当响的铃铛，他自由自在地长大了。

（发表于少年报社《童话报》）

糊涂猪

1 糊涂村的糊涂猪

几天前，糊涂猪还是一头平平常常的猪，住在一个叫作糊涂村的草棚里，像所有的猪一样，每天都大吃大喝，睡睡懒觉，日子过得糊里糊涂。

对于一头猪来说，这样的日子再好不过了。

糊涂村的村口有一棵糊涂的树，树的一半叶子是红的，还有一半树叶是蓝的。糊涂村的动物们喜欢到这棵树底下睡觉，如果有一片红色的树叶落在身上，就会做一个糊里糊涂但又非常有趣的梦；如果有一片蓝树叶落在身上，就会糊里糊涂地睡上一觉，醒过来的时候，可能还有些糊涂。

有一天，糊涂猪来到糊涂树底下，嘀咕着："让一片红色的树叶落在我的身上，让我做一个好梦吧。"糊涂猪撅着屁股趴在树底下，一会儿就开始打呼噜了。

这时候，村口走来了一群猪，他们举着一个标记牌，牌上画了一个粉红色的猪屁股，猪屁股上有一个黑色的花纹标记。

"总算找到了。"领头的黑猪叫起来，还按住了糊涂猪的屁股，他把举着的标记牌拿到糊涂猪的屁股旁边，对照了一会儿，然后说："颜色、花纹都符合，就是他了。"

"是吗？"黑猪带来的一群猪都挤了过来，看着糊涂猪的屁股。

"快放开我！"糊涂猪已经被吵醒，他气愤极了，"再不放开，我就放屁了。"

"不能放，我们找了整整一年，总算找到你了。"领头的黑猪说。

"嘭——"，糊涂猪真的放了一个屁。

可是，那群猪还是按着他的屁股看。

"你屁股上的标记从哪儿来的？"黑猪问。

那群猪马上跟着说："对，你屁股上的标记从哪儿来的，我们已经遇到很多冒牌货了。"

糊涂猪摸一摸屁股，呵，就是这块黑色的花纹标记，糊涂村的动物都笑他脏。于是糊涂猪说："我不是脏小猪，那是生出来就有的，我也没有办法擦掉它。"

"好，总算找到了。"那群黑猪按住了糊涂猪。

糊涂猪一下子糊涂了，他说："快放开我，我不是脏小猪，你们抓我做什么？"

黑猪严肃地说："我们是猪猪寻找队的，我们寻找你已经一年了。你是富豪猪家族的最后一位成员。快回城里去继承百万家产吧！"

糊涂猪觉得自己更加糊涂了，他想，一定是自己刚才睡着的时候，有一片蓝色的树叶落在了自己身上，所以自己就变得糊涂了。

他说："你们别开玩笑了，我再糊涂，也不会相信世界上有这样好的事情。"

黑猪说："我们没有开玩笑，你屁股上的这块标记，只有豪华猪家族成员才有。不过，富豪猪家族是富有的猪，都住在城里，你怎么会流落到乡下？"

糊涂猪记起爸爸老糊涂猪曾经讲过，老糊涂猪原本是住在城里的，有一回出来玩，糊里糊涂走远了，就不认识回家的路了，后来就在糊涂村住下了，再后来就有了糊涂猪。

糊涂猪没想到自己的老家居然是在城里的，但是糊涂猪没有去过城里，他不放心地问："城里好吗？"

"那还用说。"黑猪很羡慕地说着。

"那么，能带我的朋友一起去住吗？"糊涂猪喜欢和朋友在一起。

"这可不行，我们只负责带你进城。"黑猪一点儿也没有商量的余地。

糊涂猪的朋友都来送糊涂猪了。

糊涂鸡说："到了城里，记得带纸巾哦，不要糊里糊涂把树叶当纸巾擦鼻涕，那样很脏。"

"还有，不要糊里糊涂穿反了衣服和鞋子，惹人家笑话你。"糊涂牛说。

"还有，出门时不要糊里糊涂忘了关门，会很危险。"糊涂猫说。

大家把糊涂猪做过的糊涂事一件一件说出来，说了一大堆，糊涂猪感动得眼泪都掉下来了。是呀，还有谁比糊涂村的伙伴们更了解糊涂猪呢？

糊涂猪把草房子的门和窗用泥巴糊住。大家一直把糊涂猪送到村口的糊涂树下。

糊涂猪就这样离开了糊涂村。

2 糊涂猪丢了新家

糊涂猪被黑猪们带到了城里，拐了五个弯。

糊涂猪想：哦，城市，原来就是需要拐很多很多弯的地方啊，就是把人弄糊涂的地方啊。

这时，糊涂猪看见了一座豪华的别墅，别墅的门上有一个图案，是一个粉红色的猪屁股，屁股上面有一个黑色的标记。

黑猪头领说："我们已经把你送到了，我们的任务就完成了，你记住了，这里是你的家，门牌是：金苹果大街银香蕉小区 100 号豪华猪别墅。"

黑猪头领把一张印着猪头图案的磁卡交给了糊涂猪，这是用来开门的，然后黑猪们就离开了。

这是一座像宫殿一样的别墅，别墅外面还有一棵高高的苹果树，树上挂着苹果，别墅里边放着大彩电、冰箱和电脑。

"我就住在这儿？"糊涂猪狠狠地咬了自己一口，"哎哟，好疼。"看来这一切是真的。怎么像在做梦？

城市的东面，有一片茂盛的森林，住着一头懒惰的狼，他有着长长的尾巴，大家就叫他大狼巴巴。

大狼巴巴听说了这件事，自言自语地说："为什么这样好的事情会轮到一头猪，一头糊涂的猪，而不是一头狼，一头有长尾巴的狼呢？"

最后他决定进城去看看，他躲在别墅旁边高高的苹果树后面。

机会终于来了，这天，糊涂猪上街忘了关门。等糊涂猪走远了，大狼巴巴从大树后面闪了出来，轻轻一推门，很容易就进了别墅。只见宽大的客厅里放着大彩电、冰箱和电脑，巴巴又开始自言自语了："噢，太不公平了，这一切应该属于我——大狼巴巴。"

他竖起耳朵，拖着大尾巴在屋子里来来回回地踱着步，最后，打了一个响指说："对，就这么干。"

"先把别墅的门牌换一下。"大狼巴巴开始第一步行动。别墅的大门上原本写着：豪华猪别墅。大狼巴巴把它改成"巴巴别墅"。

"再把锁也换了。"别墅的锁原来是猪头标记的电子锁，大狼巴巴把它换成了狼头标记电子锁。

做完这一切，大狼巴巴就在别墅里等糊涂猪回来，"如果猪回来了，我就和他斗，猪一定怕狼。"大狼巴巴得意地盘算着。

不一会儿，糊涂猪哼着小曲回来了，他拿出印着猪头的磁卡插进大门的电子锁，可是，门就是不"理睬"他。

糊涂猪仔细看了看锁，发现了狼头标记。他拍着脑袋说："我这是怎么啦？这可不是我的家。"

糊涂猪就往回退了一段，重新回家，"一个弯、两个弯、三个弯……"，糊涂猪拐了五个弯，可是，他仍然回到了这里，仍然开不了门。

"这是怎么了？为什么我老是走错门。"糊涂猪给弄糊涂了，嗨，先敲开门问一下这是什么地方吧。

开门的是大狼巴巴，一张又长又凶的狼脸出现在别墅的门口，糊涂猪吓了一大跳。"请问，这儿是谁的家？"糊涂猪问得糊里糊涂。

"我，大狼巴巴的家。"大狼巴巴还以为糊涂猪要和他打一架的，没想到糊涂猪这么糊涂，连是不是自己的家都搞不清楚了，这可省事多了。大狼巴巴接着说："我，大狼巴巴，和我爸爸大狼巴巴巴，还有我爷爷大狼巴巴巴巴，在这儿住了几十年了，这儿是：金苹果大街银香蕉小区 100 号巴巴别墅。"

糊涂猪使劲地想了想，说："哦，我一定是在做梦，我一直就不相信，我会住别墅，我一直住在草棚里的。"

糊涂猪说完就转身离开了。

别墅里，大狼巴巴高兴得"吧嗒吧嗒"乱跳。

糊涂猪走了一段路，又想：我在梦里看到的别墅也是金苹果大街银香蕉小区100号，真是太巧了。可是，我自己的家呢？

糊涂猪怪自己太糊涂了，把自己的家都丢了。

3 糊涂猪迷路

一个刮风的日子，糊涂猪懒懒地靠在树干上。

这是一棵梧桐树，大大的黄树叶一片一片飘落在马路上，让平平常常的马路看起来很美。一片落叶飘到糊涂猪的头上，好像给他戴了一顶黄色的帽子。但是他没有感觉到树叶帽子的可爱和有趣。

因为一连好几天，糊涂猪都很烦，他根本就找不到出城的路。

他想念乡下的日子，想念村口那棵一半是蓝树叶一半是红树叶的糊涂树，想念趴在树下睡觉的日子。他好想睡一觉，再做一个梦，希望能从梦里回到自己的糊涂村。

"汪汪——汪汪——"，偏偏这时候，树后面传来了狗的叫声，狗叫得有些沙哑，但是很干脆。

"别吵了，伙计，睡觉对我很重要，知道吗？"糊涂猪歪着头嘟噜着，声音里还夹杂着呼噜声。

"可是，我饿，饿了就忍不住要叫。"狗还躲在树的后面说。

"那就出来吧，伙计，我可以分半个馒头给你！"糊涂猪慷慨地说。

狗从树后面出来，糊涂猪站起来，仔细打量着眼前的狗，这是一条什么样的狗呀？浑身皮包骨头，看来，他已经饿了好几天了。

"你叫我幸运狗吧，我总是很幸运。"那只皮包骨的狗自我介绍说。

"你这个样子还幸运？"糊涂猪觉得这条狗也够糊涂的。

幸运狗说："知道吗？为了争取自由，我已经第十次逃出来了。不像别的狗，整天被关在家里，那叫软禁。"

"噢？我要找家，你却要离家。"糊涂猪觉得这条狗太有意思了。

"可是，你已经是第十次逃跑了，难道每一次都没能离开这里？"糊涂猪问。

幸运狗叹了叹气，垂着耳朵说："别提了，按理说，狗是凭嗅觉认路的，我会在自己来的路上留下气味。可是，我是跟着主人的汽车来这里的，乘他不注意，我就溜到这里来了，所以我迷路了。"

"我就更糟糕了，我是从梦里来到这里的。可我不能再从梦里离开这里了。"糊涂猪失望极了。

既然大家都要离开这里，那就结伴一起走喽！

可是，这城市像个大迷宫，他们俩怎么转也转不出去。

"对了，我们可以去问路。"幸运狗和糊涂猪同时指着对方的鼻子说。

问谁呢？就问路边的石狮子。

"问我，算你们问对了，我在这里几十年了，问我的人数也数不清。"石狮子说，"只要你们往右走五百步，再往右走五百步，再往右走五百步，再往右走五百步就行了。"

糊涂猪和幸运狗就开始走了，他们老老实实地走了两千步，走得头都昏了。

糊涂猪说："幸运狗，我觉得我们已经离开城市了。"

幸运狗说："我也觉得是，我们一定走得很远了。"

说完他俩一屁股坐在地上。

"啊？"幸运狗突然叫起来，"石狮子，为什么我们又看见你了？"

糊涂猪摸着石狮子的头说："你是刚才的石狮子吗？"

石狮子不紧不慢地回答："你们好，很高兴我们又见面了。"

糊涂猪和幸运狗可是一点儿也不高兴。幸运狗一拍脑门说："不好，我们走了一个方形又回到了原地。"

哎！谁叫他们糊里糊涂问了石狮子。石狮子除了原地，哪儿也不认识。

糊涂猪和幸运狗迷路了。

4 扁猪和扁狗

糊涂猪和幸运狗手拉手在马路上走，糊涂猪摆动着胖胖的身体，幸运狗拖着长长的尾巴，显得都很疲倦，但是他们是不会停下来的，他们一心只想着离开城市。

幸运狗提议说："我们沿着这条马路一直往前走，不要回头，也不要拐弯，总能越走越远，怎么样？"

"对极了，你真聪明。"糊涂猪真心佩服幸运狗，真的。

走了一段路，糊涂猪说："幸运狗，我累了，想休息一会儿。"糊涂猪自小在糊涂村过着悠闲的日子，从来没有走过这样长的路，他的脚被鞋子磨破了。

顺便说一下糊涂猪的鞋子，糊涂猪的鞋子是那些黑猪送给他的，准确地说，是一双适合猪先生穿的黑色大皮鞋。

"如果有一双糊涂村的草鞋就好了，我可以走得比你快。"糊涂猪对幸运狗说。

幸运狗说："那好吧，我们到树底下去坐一下。"

糊涂猪说："那怎么行？说好一直往前走的，不回头，也不拐弯。"

"那好吧，干脆我们躺在路的中间。"幸运狗觉得这样很好玩，"如果有谁从路的中间经过，不小心绊了一跤，就算他自己倒霉。"

"对，对，对。"糊涂猪还没说完就在马路中间睡着了，还打起了呼噜。

幸运狗眼巴巴等着别人来绊一跤，偏偏眼睛盯累了也没人走过来。幸运狗也就睡着了。

马路上开来一辆压路机，当然，这是一辆玩具压路机，他在家闷得慌，出来散散步，他沿着马路一直往前开。

咦？这是怎么回事？马路中间有一胖一瘦两个家伙。

玩具压路机按了按喇叭。糊涂猪和幸运狗正睡得香，根本就没有听见。

"哦，他们一定是长毛绒玩具，两个不懂规矩的玩具。"玩具压路机嘀咕着一直开过去。

他开到糊涂猪和幸运狗跟前的时候，一点儿也没有要停下来的意思，就这样直直地开了过去。

"哎哟，好疼。"糊涂猪和幸运狗同时叫了起来，可是，他们的身体已经不能动了，玩具压路机正压在他们身上。

"快放开我们！你这个不懂规矩的玩具。"他们大叫着。

玩具压路机想：糟了，弄错了，他们不是玩具，这下可闯祸了。他尝试着发动了几下，可是，除了发出难听的声音，根本就无法发动。

玩具压路机只能抱歉地说："我也很想放你们，可是，我发动不起来了。"

"看来，只有靠我们自己了。"糊涂猪说，其实，糊涂猪知道自己是想不出办法的。

"我想出办法来了。"幸运狗把头凑到糊涂猪耳朵旁边说了自己的主意。

糊涂猪听了说："我就知道你准行，哦，好在我的前爪没有被压住。"

压路机听他们嘀嘀咕咕，也不知道他们在想什么主意。

只听幸运狗发出一声命令："准备，一、二、三，开始！"

糊涂猪就用爪子使劲地挠玩具压路机的痒痒，玩具压路机受不了，"呜——"地逃走了。这一招果然很灵哦！

当他们站起来的时候，他们惊奇地发现，自己变成了扁扁的狗和扁扁的猪了。当然是给玩具压路机压扁的。

"嗨！扁朋友，欢迎你们加入扁扁世界。"他们听见一个好像扁着嘴巴的东西说出的声音钻进了他们扁扁的耳朵。

糊涂猪和幸运狗才发现，马路上有许多扁扁的东西。

一片扁树叶说："喜欢冒险吗？朋友，在我们扁扁世界里，最大的冒险就是跟着风旋转。"

扁扁的糖纸说："昨天，我旋转了一千下，从六楼的窗户一直飘到这儿，真是太好玩了。"

这一切对于糊涂猪和幸运狗来说，却一点儿也不好玩，糊涂猪最怕旋转，幸运狗最怕高空。

5 飞过糊涂村

一阵风吹过来，糊涂猪和幸运狗的身体飘了起来，他们最担心的事情发生了。幸好他们是手拉着手的，要不，一定让风吹散了。

"不好了，我像小鸟一样飞起来了。"幸运狗大喊大叫。

一只路过的鸟说："什么？你们这样满世界乱转，是很危险的，而我们，我们是有方向的。"

"对，我们要把握方向。"幸运狗命令糊涂猪。

"可是，我控制不住方向。"糊涂猪急得大喊大叫。

"我们会飞到哪儿呢？"糊涂猪闭着眼睛像纸片一样在风里晃晃悠悠地飘。紧接着，他们开始旋转，一圈又一圈，转得头脑发昏才停下来。

"快睁开眼睛，快看，看下面——"，幸运狗惊奇地叫着。

糊涂猪睁开眼睛，看见下面是一片金黄的田野，稻草人举着蒲扇站在田野上，啊，这是糊涂猪熟悉的乡村。

幸运狗兴奋极了："快看，那儿有一棵奇怪的大树，它一半的叶子红的，一半的叶子是蓝的。"

"噢！那是糊涂村，旁边就是我的家！"糊涂猪眼睛睁得大大的，"我没有做梦吧？"

"你的家，就是那个用泥巴糊住门和窗的草棚？"幸运狗问。

糊涂猪说："是啊，你看，那糊着门的泥巴上还长出了绿色的小草，还开出了一朵红花。我不是在做梦吧？"

幸运狗没有看见糊住的门上开出的红色小花，但是他相信糊涂猪真的看见自己的家了。

"你没有做梦，一切都是真的，总不会两个人一起做梦吧。现在得想办法降落。"幸运狗说。

可是，风更加大了，糊涂猪刚眨了眨眼睛，刚才的一切就看不见了。

"我的村子，我的树，我的草屋。"糊涂猪眼前的树已经变成了一棵枣树，"难道是我看错了？"糊涂猪又掐了自己一把。

"阿嚏——"，糊涂猪自己也没想到会掐出一个喷嚏。

"阿嚏——"，幸运狗也紧跟着打喷嚏。

不好，都着凉了，喷嚏一个接着一个打，一路飞一路打。

"不好了，打雷了，快下雨了。"最先听到他们打喷嚏的是在石头上晒枣子的小熊。

小熊赶紧收枣子，一篮又一篮的枣子，该往哪里藏？

"我看不像打雷的声音。"熊妈妈不慌也不忙，抬头望了一眼天空，说："嗨，天上有一只狗和一只猪。"

"是吗？是吗？太奇怪了！"大家都在看天空。

"有没有兔子？有没有鸭子？有没有……"大家都在天空中寻找着。

"我早就觉得云里一定藏着和我们一样的小动物。"小兔子说。

"对，对，对，他们一定是贪玩跑出来的。"小鸭子说。

"也许，他们不认识回家的路了。"小牛不紧不慢地说。

糊涂猪听了这句话，想到自己回不了家，眼泪就流了下来。

"滴答——"，一滴眼泪滴在小熊的身上。

"滴答——"，又一滴眼泪滴在熊妈妈的身上。

"啊，下雨了，收枣了，天上的小猪和小狗，快快回家吧。"小熊和熊妈妈赶紧把枣子往树洞里搬。

糊涂猪怎么能不想回家呢？可是，他和幸运狗在风里飞来飞去，就是不能降落。

糊涂猪越想越伤心，眼泪像断了线的珠子一样往下掉。

"下大雨喽——"，小动物们"轰"的一声回家了。

6 风筝感冒了

这时候，村子里来了两个孩子，他们是来放风筝的。他们的风筝有着轻轻的长长的线，男孩和女孩把风筝放飞到天上，就并排坐在草地上说起了话。

风筝在天上遇到了糊涂猪和幸运狗，他们打起了招呼。

"你好，小猪风筝，我是老鹰风筝。"男孩的风筝说。

"你好，小狗风筝，我是蝴蝶风筝。"女孩的风筝说。

"他们是在和我们打招呼吗？"糊涂猪问。

幸运狗说："我想是的，自从遇到你，我就不那么幸运了，哎，我从来没有想过做一只风筝。"

那老鹰风筝飞过来，很羡慕地说："你们真是幸运，没线牵着有多好，多自由。"

蝴蝶风筝也很羡慕，她接着说："是呀，没有线牵着多好啊，可以在天空中漫游。"

"漫游？我们只想着陆。"糊涂猪说。

幸运狗突然就有了好主意，他说："如果你们喜欢漫游，就把你们的线系在我们身上，交换一下怎么样？"

"啊，这个主意不错。"老鹰风筝和蝴蝶风筝一致赞成。

蝴蝶风筝把线系在幸运狗的长尾巴上，老鹰风筝把线系在糊涂猪的耳朵上，他们就要去过自由自在的生活了，他们说："再见，朋友，祝我们好运吧。"然后跟着风消失在云里。

"再见，祝你们好运。"糊涂猪和幸运狗同时回答，他们有些为蝴蝶风筝和老鹰风筝担心，也有些为他们高兴。

当男孩、女孩把风筝的线收回来的时候，他们是多么惊奇呀！"这是怎么回事？我们的风筝会变魔术！"

"阿嚏——"，糊涂猪打了个喷嚏。

"阿嚏——"，幸运狗也打了个喷嚏。

"他们还会打喷嚏？"男孩、女孩更加奇怪了，眼睛睁得圆圆的。

"一定是风筝感冒了。"男孩说。

"可是，我不知道风筝是怎么感冒的？"女孩问。

"着凉了，对，一定是着凉了。"男孩说，"我想应该把他们带回家，让他们躺在暖和的被子里。"

男孩的家在村子的最南面，温暖的太阳照进男孩家的房间，男孩的床上铺着轻轻的薄薄的棉被。

女孩把糊涂猪扁扁的黑皮鞋脱下来，再用鸡毛掸子擦干净幸运狗的扁尾巴，然后把他们塞进了男孩的被窝。

糊涂猪和幸运狗好久没有在床上睡过觉了，一会儿就舒舒服服地睡着了。

"对纸风筝来说，最好的服药方法是把药拌在糨糊里，然后，再把糨糊涂在身上，这叫外敷。"男孩想出治疗风筝感冒的方法来了。

女孩也很赞同，她进厨房拿了许多面粉，加上水调成糨糊。

也记不清是糊涂猪还是幸运狗先从梦中醒来的了，反正，糊涂猪已经变成了糨糊猪，幸运狗也已经变成了糨糊狗。

这天，正是一个天不刮风、天不下雨、天上有太阳的好日子，幸运狗说："我们还是赶快走吧。"

"那好吧，我们得给这两个孩子留下句谢谢的话。"糊涂猪说。

他们找了好久也没有找到纸，就决定在床单上写。写什么呢？幸运狗说自己其实是不会写字的，糊涂猪说他只会按脚印。

"那就按两个脚印吧。"幸运狗说。于是，他们在床单上留了一个狗脚印和一个猪脚印。

两个孩子掀开被子的时候，脸上的奇怪表情不用说，大家也猜得到，一定是嘴巴张得大大的。

7　改变形象

田埂边，糊涂猪和幸运狗在呆呆地想问题。

"为什么大家以为我们是风筝？"糊涂猪傻傻地摸摸头皮。

"也许是因为我们太扁了吧！谁也没见过被压扁的动物。"幸运狗说。

扁成什么样了呢？糊涂猪来到河边，看到河里有一个倒影。"啊——这是谁呀？像压扁的可乐罐。"糊涂猪说。

"你自己喽！你看，小小的猪眼睛、大大的猪鼻子，当然是你喽！"幸运狗说。

"那我旁边那个耳朵竖不起来、尾巴摇不动的狗就是你喽？"糊涂猪问幸运狗。

"是呀，这就是我们的遭遇。以前在路灯下，我看见过自己的影子，也是这么扁的。"幸运狗说。

"我也在太阳底下见过自己的影子，可影子是黑色的，我可没见过彩色的影子。"糊涂猪说。

"别着急，在刮风以前，我们可以变回来，对吗？"幸运狗心里其实一点儿也没底，他是在安慰糊涂猪。

"对，不过随时都会刮风的，我们得快快变回来。"糊涂猪真的不愿意自己都不认识自己，"我希望，在变回原样的时候，能够比以前稍微瘦那么一点点儿。"

"我希望比以前稍微胖那么一点点儿。"幸运狗说。

可是，怎么样才能变回来呢？

糊涂猪说："幸运狗，你快想办法啊，我帮你赶虫子。"

幸运狗就坐在田埂上使劲儿地想办法，一只飞虫围着幸运狗"嗡嗡嗡"地飞，糊涂猪一点儿也不含糊地赶虫子。虫子飞了一圈，停在幸运狗的鼻子上，"啪"地一下，糊涂猪去打幸运狗的鼻子。

"哎哟！"幸运狗赶紧躲让，一下子就摔到了泥地里。

这一摔，却摔出了一个主意："对了，以前，我给气球吹过气，气球就鼓起来了，我们可以试一试。"

好办法，糊涂猪先给幸运狗吹气。

"你把嘴巴张大点，可是千万不要咬我。"糊涂猪把自己的嘴巴凑到狗嘴巴上吹起了气。

一会儿，幸运狗的身体真的鼓起来一些了。幸运狗大叫："够了，够了。再吹，我就会像气球一样吹炸了。"

轮到幸运狗给糊涂猪吹气了。幸运狗说："我，我肚子饿，一点力气也没有了，我吹不动。"

"那，那我怎么办？"糊涂猪着急了。

"那，那就喝河水。"幸运狗说。

没办法，糊涂猪只好"咕噜——咕噜——"喝起了河水。一会儿，他的肚子就像热水袋一样鼓了起来。

现在他们不再是扁的了，不会被风吹跑了，正如他们想的那样，糊涂猪比以前瘦那么一点点儿，幸运狗比以前胖那么一点点儿。他们对着河面，看着自己的倒影，对自己的身材越看越觉得满意。

他们走进村子，曾经把他们当成风筝的小男孩和小女孩没有认出他们。糊涂猪和幸运狗很满意这样的结果。

"嗨！小牛。"

"嗨！小兔子，还有小鸭子。"

"嗨！小熊和熊妈妈。"

幸运狗有气无力地和每一位动物朋友打招呼，他呀，结识了许多动物朋友。

糊涂猪呢？他抱着头撅着屁股，趴在枣树底下睡懒觉。他想：如果枣子落在身上，会不会做有趣的梦呢？不过，千万砸在屁股上，不要砸在头上。

8　飞进森林

糊涂猪真的做梦了，他梦见自己回到了糊涂村。糊涂鸡、糊涂猫还有糊涂牛都来迎接他。

"哎哟。"糊涂猪的肚子在梦里疼了起来。

"快醒醒，快醒醒。"大家在推他。

"是糊涂鸡、糊涂猫还有糊涂牛吗？"糊涂猪糊里糊涂地问。

"不是，是我们。"糊涂猪这才看清站在眼前的是幸运狗和幸运狗新交的朋友小兔子、小鸭子、小牛、小熊和熊妈妈。

"有厕所吗？"糊涂猪好尴尬。

"没厕所，到熊妈妈的玉米地去解决吧。"小牛说。

糊涂猪一头钻进了玉米地。幸运狗和小动物们在田野边等呀等呀，等到太阳落山的时候，糊涂猪出来了。

这时，风儿又吹来了，糊涂猪又像纸片一样在风里飘了起来，原来，糊涂猪肚子里的水全在玉米地解决了。

"救命呀，救命呀——"，糊涂猪大喊大叫着抓住幸运狗，幸运狗也跟着飞了起来，"救命呀，救命呀——"，幸运狗和糊涂猪一起叫，啊，不好了，幸运狗的气已经全漏光了，"我们又要变成风筝飞走了。"

小鸭子连忙去救幸运狗，拉住了狗尾巴。小鸭子也给带着飞了起来。

"不好了，快救小鸭子。"小兔子赶快抓小鸭子，拽住了一把鸭毛。小兔子也跟着飞了起来。

小兔子没有长尾巴，小熊、熊妈妈、小牛想抓也抓不住。

晚霞染红的傍晚，糊涂猪、幸运狗、小鸭子、小兔子在天上飞，小熊、熊妈妈、小牛在地上跑。

糊涂猪、幸运狗和小鸭子、小兔子一直飞到了森林的上空，森林里有许多高大的树，他们的树顶伸出来很多的枝条，小兔子的脚就在树顶的枝头上卡住了。

"哎哟！"大家停止了飞行，整个排成一行倒挂在树上了，小兔子的脚钩着树枝，挂在小兔子下面的是小鸭子，小鸭子下面是幸运狗，最后当然就是糊涂猪了。他们像钟摆一样在风里来回摆。

"一下，两下，三下……"，大家开始数摆动的次数。

当数到一百下的时候，小熊、熊妈妈还有小牛也赶到了大树下面。

"快放手，大家一起跳下来。"小熊对着树上的小兔子叫。

"不行，不行。"小兔子说什么也不肯放手。

"那小鸭子放手，让小兔子独自挂在树上好了。"小牛说。

"那怎么行。"糊涂猪和幸运狗大声叫，因为小鸭子一放手，他们也会跟着摔跟斗的。

"还是你们想办法，把我们摘下来吧。"小兔子说。

小牛就站在最下面，熊妈妈站在小牛背上，最后小熊站在熊妈妈的肩上，他们把糊涂猪、幸运狗还有小兔子、小鸭子一个一个地从树上摘下来，糊涂猪已经在"呼噜呼噜"打呼噜了，他呀，早就挂着睡着了。

小兔子、小鸭子一下就忘了刚才的害怕，变得兴奋极了，他们是第一次飞上天。"太好了，再飞一回怎么样？"他们央求着幸运狗。

"不行，如果再飞上去，一定下不来了。"幸运狗连忙摇手。

"是啊，别闹了，大家想想办法，别再让风把糊涂猪和幸运狗吹走了。"熊妈妈说。

"我看，给你们得绑一些重的东西，比如石头、砖。"小牛说。

"不行，不行，那样我们多受罪啊。"幸运狗一百个不愿意。

"那，那就藏在树洞里。"小兔子提议说。

"我不进树洞，你们可以暂时把我拴在树上。"幸运狗害怕飞走，也害怕黑漆漆的洞，宁愿被拴着。

于是大家暂时把幸运狗拴在树上。幸运狗试了试那个拴着的结，确定是可以自己解开的，这才放心了。

糊涂猪睡着了，什么都不知道，只好任由他们摆布。他们决定把糊涂猪塞进树洞。

为了方便，他们决定把糊涂猪卷起来塞进去。就这样，糊涂猪被大家卷起来了，像一个多层的面包卷，大家很容易就把他塞进了神秘的树洞。

9　树洞里的秘密

树洞里真黑呀，糊涂猪睡醒了。

他伸出手，说："我的手呢？"伸出脚，说："我的脚呢？"糊涂猪什么也看不见。

在什么也看不见的地方，糊涂猪的鼻子、耳朵就特别管用，他闻到一股甜甜的香味，还听到一个轻轻的声音在耳边响了起来。

"呼噜——呼噜——"，也是打呼噜的声音。

"哪来的呼噜声，我已经睡醒了呀。"糊涂猪对自己说："噢！一定是我太饿太想睡觉了，出现了幻觉。"

"谁说是幻觉，明明是我在睡觉。"打呼噜的声音停了，一个又闷又粗的声音响起来，"这一觉已经睡了好多天了。"

啊，这树洞里还有别的动物？也和糊涂猪一样爱睡觉？

好吧，那就再睡，有同伴一起睡，真是太好了，糊涂猪话刚说完就又闭上眼睛，又发出了响亮的鼾声。

"醒一醒，醒一醒。"糊涂猪扁扁的身体被拎了起来。

"别，别拎我的耳朵。"糊涂猪叫起来，"我，我马上就醒。"

糊涂猪醒来的时候，眼睛还是闭着，这叫闭目养神，反正这个山洞是黑漆漆的，什么也看不见，眼睛睁开着也是浪费。

树洞里的那个声音继续说："你还没告诉我你是谁？也没问我是谁呢？"

糊涂猪想，既然大家都在树洞里，那相互认识一下也是应该的，他自我介绍说："我是糊涂猪，只顾睡觉，忘了告诉你，也忘记问你了。"

树洞里的声音说："好，我告诉你，我是大熊。"

糊涂猪反过来问："哦！大熊？现在还不是冬眠的时候，你为什么住进树洞？"

"哎，反正你也不认识我，告诉你也没关系。"大熊只愿意把自己的事情告诉陌生人。

大熊开始讲自己的故事："你知道吗？我有个儿子，就是那只馋嘴巴小熊，你不知道他有多可爱，你不知道他有多乖？他的力气有多大啊，他的嘴巴有多馋啊，他多像我啊。"

糊涂猪没有想到大熊说到自己儿子的时候，会像一只啰唆的母鸡。

大熊继续说："他最爱吃蜂蜜，我就帮他掏树上的野蜂窝。"

糊涂猪说："天哪，你居然敢冒犯野蜂。"

大熊叹了口气，说："哎，我以为，反正我毛儿密、皮儿厚，野蜂也拿我没办法，没想到，野蜂，有一只很厉害的野蜂，他居然对准了我的鼻子蜇。"

大熊的鼻子上没有毛毛，那只野蜂真会找地方。

"我拼命逃，躲进这个树洞，到现在已经好几天了，野蜂还守在树洞外，逼我交出那罐蜂蜜。喏！这就是我偷的蜂蜜，你闻闻，多香呀！我还没舍得吃呢！"

糊涂猪早就闻到了蜂蜜的香味。熊爸爸抱着这样香甜的蜂蜜在树洞里那么多天，没有舔一点点儿？

"哎，这蜂蜜真是香，我也很想尝尝，更想去送给我的儿子尝尝，你知道，他有多乖，他会帮我晒枣子，还会帮我收枣子。"

糊涂猪记起玉米地旁边有一棵枣树，枣树下有小熊和熊妈妈的家，就是缺个熊爸爸，他问："哦，原来你是住在枣树下的熊爸爸？"

"你认识我的小熊？"

"噢，你认识我的太太？"

大熊不安地搓着熊掌，像个做了错事的孩子。就是说，大熊把自己的秘密告诉了一个认识的人。

"你能替我保守秘密吗？"大熊终于停止了搓熊掌，向糊涂猪请求说："我不想让小熊知道爸爸偷蜂蜜，也不想让我太太知道。"

"那你应该请求野蜂的原谅。"糊涂猪说，"当然，为了小熊心目中的好爸爸、熊太太心目中的好丈夫，我会替你保守这个秘密的。"

就让这个秘密留在树洞里吧！

10　糊涂猪谈判

熊爸爸的心里时时刻刻都在惦记着小熊和熊妈妈。

"我家小熊好吗？我太太好吗？我家的枣树上有没有住乌鸦？我家的枣子有没有被雨淋？还有，还有，玉米地该收玉米了吧？"熊爸爸啰啰唆唆地问了一大堆问题。

糊涂猪被弄糊涂了，他胡乱地回答："小熊收枣子，但是没有看见他收玉米，熊妈妈也没有被雨淋。"

熊爸爸对这样的回答很满意，他一个劲地说："那太好了，太好了。"熊爸爸向洞外张望着。

"你应该回家，难道你打算抱着蜂蜜在树洞里躲一辈子？"糊涂猪问。

"回家，回家当然好喽，可——可我不能出洞。早知道这样，我就不随便拿别人的蜂蜜了。"熊爸爸后悔了。

"后悔有什么用？"糊涂猪劝说着，"还不赶快把蜂蜜还给野蜂，再向野蜂道歉，也许野蜂会原谅你。"

"你不知道野蜂的脾气，我一出洞，还没说话，他们就会蜇我。"看来，熊爸爸很怕野蜂。

"哎，谁叫你惹上了野蜂，算你倒霉。"糊涂猪摇着头说。

"其实，野蜂也是讲道理的，只是我把他们惹急了。如果你能帮我去和野蜂说说，就好了。"熊爸爸请求着。

糊涂猪听熊爸爸这样说，也有些怕野蜂，可他还是决定帮助熊爸爸。他把头向外张望了一下，一只野蜂马上就落在糊涂猪的鼻子上。

糊涂猪马上说："别，别蜇，看清楚再蜇。"

"不是熊。"野蜂看清是猪鼻子就不蜇了。

糊涂猪说："我是过路的，最不喜欢管闲事了，只是替熊传几句话。"

野蜂说："好，你没有侵犯我们，我们也决不伤害你，你有话就快说。"

糊涂猪和站在鼻子尖上的野蜂谈判："熊爸爸说他决定把蜂蜜还给你们，他可是一点点儿也没有吃哦，连舔都没有舔过，你们能放他回家吗？"

野蜂举着小刺刀说："如果别人偷了你的东西，你能轻易放过他吗？"

糊涂猪说："偷东西是不好，但是……哎，反正，你们已经把他关在洞里好几天了，也算是惩罚了吧。"

糊涂猪说完，就从树洞里递出了那罐蜂蜜。

站岗的野蜂立刻发了信号，许多野蜂来把蜂蜜运走了。过了好长时间，糊涂猪也没见野蜂飞回来。

"看来，野蜂原谅你了。"糊涂猪说，"你可以回家了。"

熊爸爸走出树洞的时候，突然就看到了树洞外的小熊和熊妈妈。天呀，小熊和熊妈妈找了好多天也没找到的熊爸爸就这样突然从树洞里冒出来了。

熊爸爸伸伸胳膊说："好了，没事了，我只是在树洞里住了几天。"

熊妈妈先是高兴找到了熊爸爸，接着就开始数落起熊爸爸了："好啊，你没事？家里可有事了，枣树上快住乌鸦了，你也不去管管，要是住了乌鸦，明年的枣子就变成乌鸦的点心了。还有呢，还有玉米地的玉米还没有收呢。"

"糊涂猪呢？"熊妈妈数落完了，突然就问起糊涂猪了。

"是啊，糊涂猪呢？他还是那样扁吗？"大伙都没有忘记糊涂猪。

熊爸爸说："我看不清楚他，树洞里黑黑的，除了饿，他应该没有别的问题。"

这会儿，糊涂猪真的很饿很饿，他在树洞里一点儿力气也没有了。

"糊涂猪，快出来吧。"小兔子和小鸭子叫着。

"不，我才不出来呢，一出洞，如果遇到大风，我又会让风吹到天上去的。"糊涂猪怕极了在天空中旋转。

熊妈妈说："看来，他还得在树洞里住几天，快回家去，拿玉米来喂他，等我们把他喂胖一点，他的身体就不会那么轻了。"

熊爸爸负责每天掰玉米运到树洞前，小熊负责往树洞里塞玉米给糊涂猪。

幸运狗还是被绑在树上，他说："我感觉我又回到了做宠物狗的日子，一点自由都没有。"他希望这样的日子快些过去。

第三天，糊涂猪说："够了，够了，我要出洞了，我担心，我的身体太胖会在树洞里被卡住的。"

熊爸爸的玉米真的把糊涂猪和绑在树上的幸运狗都喂胖了。糊涂猪和幸运狗恢复了原来的样子。

11 找回别墅

在村口的大树下，糊涂猪又开始睡觉了，可是，他怎么也睡不着。

熊爸爸自从摆脱了野蜂的追赶，吃得饱睡得好，他问糊涂猪："嗨！老兄，你这是怎么了？为什么总是睡不着？"

糊涂猪没有回答，他自己也不知道为什么，想想发生的事情，脑子里一片糊涂。

幸运狗替糊涂猪回答："他呀，一定是想家了。其实呀，我们就住在这个村子里不是挺好的吗？"

糊涂猪说："不行，我想念那棵让我做好梦的树和那间草屋，还有糊涂村的朋友们。"

"你不想你的别墅了？"幸运狗又提醒糊涂猪。

"我也不知道，好像那是我梦里的事，不是真的。"糊涂猪说不上喜欢和不喜欢那别墅，他觉得别墅离他好远好陌生。

关于别墅的故事，糊涂猪是在一个太阳很好的下午讲给熊爸爸听的。熊爸爸一听就火冒三丈，再也坐不住了。

"老兄，我看，不管是真的还是假的，我——大熊总得出出面，帮你去找金苹果大街银香蕉小区 100 号。"

糊涂猪说："其实，我看，就算了，我只想回到我那涂满泥巴的草屋。"

熊爸爸可不答应："这怎么行，你帮了我，我就一定也要帮你的忙。"

哎，熊爸爸想着要帮糊涂猪的忙，糊涂猪不接受也得接受。

熊爸爸找来两套草编的衣服，和糊涂猪一人一套穿上，再找来两顶草帽，一人一顶戴上。然后推来一辆木车，装了满满一车的玉米到城里去卖。

熊爸爸在前面拉，糊涂猪在后面推，很像是上街卖玉米的农民，就差尾巴没有地方藏起来，不过这样，大狼巴巴就不会察觉了。

糊涂猪走进城里，走到石狮子的面前，石狮子开口向他们打招呼："嗨！你就是向我问路的猪先生。"

石狮子居然一眼就认出糊涂猪了。

糊涂猪老老实实地回答："是的，我又回来了。"

石狮子看了看熊爸爸，发现他不是原先和糊涂猪在一起的狗，就问："和你一起的狗先生呢？"

糊涂猪又老老实实地回答："你是说幸运狗啊，他已经住在乡下了。"

幸运狗的确已经在村子里有了自己的家，他和村子里其他的狗相处得很快乐，每天自由地玩耍。

石狮子很高兴，他问："你是回城里啊？需要问路吗？"

糊涂猪不会再向石狮子问路了，他说："不用了，不过谢谢你，再见。"

说完这些，糊涂猪就记起回别墅的路了。

当糊涂猪按响别墅门铃的时候，开门的还是那张狼脸。大狼巴巴看见两个穿着草衣的农民站在门口，说："把玉米留下，把你们的车推走，这是给你们的钱。"大狼巴巴说着，狼爪里亮出了两个硬币。

熊爸爸一把抓住了大狼的爪子。

大狼巴巴看见不是一双农民的手，而是毛茸茸的熊掌，马上就垂下了头，用一个憋得有些怪的声音说："你好，熊先生，好久不见了。你这是……"

"我，我是陪我的朋友回家的。"熊爸爸一脸不高兴。

"噢，你的朋友？你的朋友真有些糊涂，他对我说：'对不起，我走错回家的路了。'其实，我只是和他开……开个玩笑，可他转身就走了，我只好替他照看家了。"大狼巴巴说这些话的时候一直赔着笑。

"还不快滚！"熊爸爸用很大的声音命令着。

"好，好，我滚，马上滚。"大狼巴巴拔腿就要跑。

"等一等。去，把狼头标记的电子锁换回来，还有门上的字。"熊爸爸用很粗的声音命令。

"好，好，好，我马上就去。"大狼巴巴说完就溜走了，像烟一样消失了。

"哦，原来这别墅真的是我的。我不是在做梦。"糊涂猪说着又掐了自己一把，"哎哟，好疼。"

12 两个家的烦恼

熊爸爸卖完玉米要回家去了，他的腰里挂着一袋钱，他会一分不少地交给他的太太。

糊涂猪说："虽然我有了别墅，可是我还是挺惦记糊涂村的家，我想回糊涂村去看看糊涂鸡、糊涂牛、糊涂猫。"

熊爸爸说："那好吧，我再带你到糊涂村去一趟，谁让我们是朋友呢。"

熊爸爸认识出城的路，带着糊涂猪很快就找到了糊涂村。

村口，那棵糊涂树的树叶正开始往下落，有时候落下的是红树叶，有时候落下的是蓝树叶。

糊涂猪的草屋门已经没有泥巴封着了，窗户也是开着的，屋旁的空地上长着一些小苗苗。

糊涂猪想：一定是朋友们不放心，来给我的屋子开窗通风的。是谁？是糊涂鸡、糊涂牛还是糊涂猫？

糊涂猪这样想着，高兴地推开草屋的门。突然，他的嘴巴张得大大的，他和熊爸爸看见的又是那张狼脸，那张又长又尖的狼脸。

"为什么总是遇到你？"熊爸爸吼了一声。

大狼巴巴也很慌张，他结结巴巴地说："我，我也不希望遇到你，真的，我不想惹你生气，我，我以为这是一个没人住的地方呢。"

大狼巴巴有些可怜地卷着铺盖，他的行李只有几件旧衣服和一顶旧的绅士帽，大狼巴巴拿着行李，拖起尾巴上路了。

熊爸爸看着大狼巴巴的背影，大狼巴巴拖着长尾巴走在长满狗尾巴草的田埂上，落日的余晖照在他尖尖的狼耳朵上，他的耳朵听见的是穿过田野的风声。

熊爸爸说："其实，大狼巴巴也很可怜，他从来就没有家。"

"糊涂猪，你回来啦！"糊涂鸡、糊涂猫、糊涂牛像是突然冒出来的，"我们还以为你再也不会回来了呢？"

"怎么会呢？这是我爸爸老糊涂猪亲手搭的草屋，如果没人住，它会被风吹走，被雨淋坏的。我得回来照顾老屋子。"糊涂猪放心不下老屋子。

"那你的别墅呢？别墅也需要有人照顾呀。"糊涂朋友们说。

"是呀，我有了两个家，怎么办呢？"糊涂猪有些为难，没有家麻烦，有两个家也麻烦。糊涂猪就愣在原地，想了一会儿，突然，他拔腿就往门外走。

糊涂猪去哪儿了呢？熊爸爸和大家都等在门口张望。

好一会儿，糊涂猪回来了，他的身后跟着大狼巴巴，大狼巴巴像一个听话的孩子被糊涂猪牵着手。

"我决定了，我住在别墅的时候，请大狼巴巴来照顾我的草屋；我住草屋的时候，请大狼巴巴照顾我的别墅。这样，大狼巴巴就有地方住，也有事情做了。"糊涂猪一口气说完了自己的打算。

"糊涂猪，你怎么这么糊涂？"熊爸爸着急地说，"请大狼来照顾房子，不怕他再抢走吗？哎，糊涂呀糊涂！"

"我相信他。"糊涂猪看着大狼巴巴肯定地回答。

大狼巴巴眼睛里闪出一点点儿的泪光，他怎么也没想到他抢了糊涂猪的别墅，而糊涂猪还会相信他。

"我会好好照顾房子的。"大狼巴巴保证着，"如果我管不好，就让熊爸爸来教训我。"

糊涂鸡、糊涂牛和糊涂猫说，糊涂猪不在的时候，大狼巴巴把糊涂猪的屋子收拾得很干净，还在屋子前的空地上种了豆豆。

其实，大狼巴巴就是有些不好的习惯，也不算很坏，就像熊爸爸也掏过野蜂的窝，就像糊涂猪也有些糊涂。

熊爸爸也很高兴，他觉得自己这次出门卖玉米，收获很大，他拍拍腰里的钱袋，急着要赶回家去。

糊涂猪呢，他可不会马上回到城里去，他要在糊涂村住几天，和朋友们好好地聚一聚。不过，这会儿他累了，他要往村口的大树底下跑，他急着要在那儿睡一觉，等着红色的树叶飘落到身上，做一个好美好快乐的梦。

雨街的猫（节选）

关于故事的由来

前不久，我刚刚听说了"雨街"这样的一个地方。那是两只乡下老鼠告诉我的，当时，我在乡下度假，两只乡下老鼠来敲我的门。

我本来不想开门，因为我刚刚冲了咖啡，还没有来得及喝。

但是，两只老鼠不住地叫："能开门吗？我们的面包是不能淋雨的。"我还闻到了面包的香味，我感觉饿了，就去开了门。

两只乡下老鼠推着整整一车的面包。天哪，他们的面包品种很多，而且散发着诱人的香味。

其中一只老鼠说："除了没有加蜂蜜，我们的面包没有什么遗憾。"

另外一只老鼠接着说："因为蜜蜂不肯把蜂蜜卖给我们，连熊也不卖，他们只卖给人类。"

我相信他们的话，因为他们穿着很白很白的外套，还戴着很高很高的白帽子，一副面包师的样子。

我为他们的面包没有蜂蜜感到遗憾。

我还相信他们做的面包很好吃。

他们在我的屋子里躲雨，为了感谢我，他们要送面包给我吃。

但是我说："我不饿。"

他们说："我们明明听见你的肚子在叫，你却说不饿，人类就是这样善于撒谎。"

我有些生气，老鼠居然给了我这样的评价。

两只老鼠说："别生我们的气了，我们为你讲一个故事吧。"于是，老鼠就给我讲了一个关于猫的故事。

我第一次听老鼠讲故事，并且是讲猫的故事，我觉得很有意思。

"那是一个经常下雨的地方，叫作雨街。"老鼠说。

这天下午，雨一直都没有停，老鼠把这个关于雨街的故事讲给我听。后来，我就去地图上找，但是，没有找到这个地名，不过我确信这个地方是存在的。

第一章　雷莎太太给了黑猫一个家

1

雨街是一个经常下雨的地方，住在雨街的雷莎太太总是带着伞出门。一块青砖砸在雷莎太太的脚背上，结果青砖变成了青蛙。

　　雨街，是一个经常下雨的地方。在雨街的每一个路口，都有一块路牌，上面标着雨街的路线图，另外还有一个友情提示：您带伞了吗？

　　所以，如果你在雨街上看见一只小老鼠撑着雨伞经过，千万不要太惊奇。

　　街中央有一座两层的老楼，是雨街最古老的楼。

　　老楼的墙壁上爬满了和小楼一样年龄的藤，这种藤有着动物一样的名字，叫作爬山虎，它的藤是古老的，叶子却是今年春天新长的，被雨洗刷得特别绿。

　　老楼的主人是老雷莎太太。

　　雷莎太太一般都待在楼下的客厅里。每天下午，她都靠在客厅中央的摇椅上休息，一直到她家的猫头鹰挂钟响起。

　　猫头鹰挂钟被做成一只猫头鹰的样子，两只猫头鹰眼睛一左一右地眨着，时间就"滴答滴答"地过去，猫头鹰的领带就是猫头鹰钟摆，它有气无力地敲了四下，声音就像是淋了雨受了潮。

　　雷莎太太在心里数得清清楚楚，但她还是举起放大镜，看着墙上那只猫头鹰挂钟，然后自言自语地说："四点了，该出门了。"

　　她披上彩色的格子围巾，把挂在前额的几缕白发整理到头顶，她所有的头发都扎进了脑后的发髻，使她的脸显得很干净。

她从屋子正中间的摇椅上起身，慢慢踱到窗口。

今天没有下雨，是难得的好天气。窗户外的花坛边，太阳照在青石板的路面上泛着光，带着一些水汽。

一群孩子提着一条腿玩跳房子的游戏。雷莎太太喜欢这些会提着一条腿跳方格的孩子们，就像她家里的东西，都是提着一条腿的。

真的，雷莎太太的桌子本来有四条腿，但是有一条腿被老鼠啃掉了，就变成三条腿了。

她家里的椅子也是三条腿的。

她的眼镜是一条腿的。

她的伞是黑底夹着粉红色细碎花纹的，本来应该有十二根伞骨，现在已经只剩下十一根了。

不过没有关系，雷莎太太习惯了这一切，她的桌子从来没有倒过；椅子也没有让她摔跤；她的眼镜最多从她的鼻子上划落下来，还有一条绳子系着；她的伞也照样能遮雨。

雷莎太太撑着这把伞出门，几朵淡淡的乌云在伞的上空飘着，好像随时要变成雨水落下来。

她的邻居向她问好，并且问她："今天下不下雨？雷莎太太。"

"不下。"雷莎太太说完就把伞收了，像拐杖一样拄着地。那几朵淡淡的乌云就从雨街的巷子上空飘走了。

雷莎太太在雨街中央的花坛边坐下来，这里刚好正对着她住的老楼，孩子们在这里玩跳房子游戏，他们把一块小小的砖从一个方格踢到另一个方格，最后踢进尖尖的屋顶。

雷莎太太每天四点十分都要来这里，等待着雨街的邮递员经过。如果有信件，邮递员会停下车；如果没有信件，邮递员只要把报纸扔到每家门前的屋檐下就可以了，然后邮递员绕着花坛拐一个弯，就远去了。

"没有你的信，雷莎太太。"邮递员老远就说，"只有汤先生家的报纸。"

"哦，谢谢。"雷莎太太的声音很小，很无力。

一个男孩把一块砖踢到了雷莎太太的脚上。雷莎太太一点儿也没有感觉到。

那块砖就一直停留在雷莎太太的脚上。孩子们想过来捡那块砖的时候，发现砖已经不见了。

男孩说："刚才我明明看见砖停在这里的。"。

女孩说："是啊，我也看见了，我还怕砸坏了老太太的脚趾。"。

"可是，这里只有一只青蛙。"男孩发现雷莎太太的脚上蹲着的的确只是一只青蛙。

难道那块能砸疼人的砖变成了青蛙？男孩和女孩都觉得很奇怪。

男孩说："我们把这只青蛙抓起来，关进笼子。"

结果第二天，他们发现，他们笼子里关着的不过是一块砖而已。

这是一个重大的发现。他们把这个发现告诉了他们的地理老师——汤先生。

2

邻居汤先生是一个像孩子一样顽皮的老头儿，他是雨街的地理老师。另外他的家里还有一位嘀嘀咕咕的太太和一条叫作阿旺的狗。他们一家用不同的方式注意着雷莎太太。

汤先生是雷莎太太的邻居，长得有些矮小，也很胖，不过他喜欢穿很宽大的衣服，所以显得有些滑稽。另外他还是个光头，他的头很亮，像一盏电灯。

他一直在雨街的学校做地理教师，那些路标上的地图就是他画的，精确到不差一毫米。

汤先生常常忘记自己的年龄。

汤先生还常常喜欢说："知道吗？那个伟大的科学家法布尔，他小的时候就很了不起。有一回他观察一只屎壳郎推粪球，从早晨一直跟踪到晚上。"

他总喜欢画路线图，比如蜒蚰经过雨街时留下的路线图，他会把它画成银色的，和真的一样。

他还玩别的大人不玩的东西，比如西瓜虫。他喜欢看西瓜虫卷成一个圆球。

孩子们把砖交给汤先生，并且告诉汤先生砖变成了青蛙，又变回了砖。

汤先生说："很高兴你们来找我。但是，科学讲究的是证据，知道吗？孩子们。"

孩子们失望地走了。那个男孩说："有机会，我还会把砖踢到雷莎太太的脚上。"

望着孩子们失望的背影，汤先生说："也许，我是错的，在这个雨街，什么样的事情都是可能发生的。"

汤先生的太太是个很高很瘦的女人，有着浓密的卷发。她以前也在学校上班，每天负责摇铃，总是一边摇着铃，一边喊着："上课了，上课了。"精确到不差一秒钟。但是有一天，学校有了电铃，不用她这样辛苦地喊了，她就待在家里，她总是拿着一把很大很大的剪刀，在屋外的院子里修剪着带刺的玫瑰。

他家里的正式成员还有一条狗，叫阿旺，是一条很高大的黄狗，他喜欢说的一句话就是："简直不可思议。"黄狗阿旺每天四点十分等在花坛边取报纸。

雷莎太太在花坛边总能遇到这条狗。

狗不怎么搭理雷莎太太，专心等邮递员，邮递员把报纸折叠了扔向狗，狗张口就接住了，然后对雷莎太太看一眼，叼了报纸摇着尾巴回家去了。

这时候，雷莎太太总是很羡慕狗，她觉得狗叼着报纸的样子看起来特别潇洒。狗回家了，而雷莎太太还要在花坛边坐一会儿，因为邮递员送完全部信件和报纸还会路过这里，她希望邮递员回到这里的时候，突然说："我真粗心，我的邮包里还有一封信，是雷莎太太的。"

但是这样的事情从来也没有发生过。

"可怜的老雷莎，我不知道还会有什么人给她写信。"汤先生说，"她如果有朋友，也都老死了，她是活得时间最长的。"

"那她到底多老了？"汤太太问。

"不知道，四十年前我搬来这里，她就已经是老太太了。"汤先生说。

四十年前，汤先生刚刚从一家地理学校毕业，还没有娶汤太太。一次偶然的机会，他来到了雨街。"真是奇怪。"他说，"没有人在地图上标明'雨街'的存在。"就像当年哥伦布发现了新大陆一样，汤先生对雨街充满了好奇，他决定住下来。

汤太太和汤先生不一样，她对地图和气候不感兴趣，但是，她对自己的邻居一直都很好奇。

汤太太注意雷莎太太已经很多年了，她说："她每天都带着伞出门，但是只要她出门，就不会下雨。"

"是啊，她每天四点下楼，我总在四点十分给孩子们放学，这样他们就可以不用淋雨了。"汤先生说。

"有一回，我看见雷莎太太忘记带伞了，还特意回家去取，可是，她根本就没有用过伞。"汤太太说。

老雷莎不怎么和她的邻居说话。没有人知道她从哪里来，也没有人知道她有多老。雨街所有的人从记事起就知道雨街有一位雷莎太太，也知道四点十分，雨街不下雨。

3

老雷莎收养了一只流浪的黑猫，她很激动，多少年来，她一直是独自生活着的，但是从现在开始她的生活将发生变化。当天，她和黑猫一起用了午餐。

雷莎太太独自在雨街生活着。

直到有一天早晨，雷莎太太拎着篮子上街去买菜，经过街角花坛的时候，她发现了一只黑猫。

这是一只很黑很黑的猫，一点儿其他颜色也没有，很瘦，躬着背、竖着耳朵，站在花坛边一棵美人蕉的叶子底下，身上的毛湿湿的，抖得很厉害，眼睛很警惕地看着周围的一切。

"你没有带伞？"雷莎太太注意到这只黑猫了。

"我没有伞，什么也没有。"黑猫用轻而且颤抖的声音回答。

"这里是雨街，对于一只鸭子来说，是个好地方；但是对于猫来说，你应该到阳光充足的地方去，比如阳光街，我听说猫都喜欢晒太阳。"雷莎太太真心这样认为。

"可是，我就是从阳光街流浪过来的。"黑猫回答着。

"哦，你在那里不是挺好的吗？"雷莎太太觉得奇怪。

"对于流浪的猫来说，阳光街太热了，那里没有一棵树是属于我的，甚至没有一个绿荫是属于我的。"猫说话的声音越来越小。

最后，黑猫低下头说："现在我没有地方可以去，我到处流浪，已经好久了。"

雷莎太太感觉自己说不出一句话来，她的心中充满了同情，她最不能看见别人无家可归。

"我是个孤独的老太婆，你愿意和我一起住吗？"雷莎太太的邀请是真诚的，也是意外的，她甚至从不邀请人到她家里去做客。

"真的？"黑猫高兴得眼睛都变绿了。

"但是我没有专门给你睡觉的床，也没有专门给你吃的食物，更没有猫的玩具。"最后，雷莎太太还说，"我家里还有一只专门捣蛋的老鼠，他叫班尼，我讨厌他，但是我不希望你吃掉他。"

"好的，我保证不吃掉班尼，我也不需要玩具。"黑猫说。

"那太好了，孩子，欢迎你和我同住。"雷莎太太也很激动，多少年来，她一直是独自生活着的，但是现在开始，她的生活将发生变化。

雷莎太太把黑猫放在买菜的篮子里，篮子里已经有了一条鱼，是雷莎太太刚刚从菜场买的。黑猫闻着鱼的味道，感觉饿了，但是，他只是舔了舔自己的爪子，没有去咬那条鱼。

当接近小楼的时候，雷莎太太对黑猫说："来吧，孩子，让邻居们见见你。"

他们一起走在青石板的路上，一起经过汤太太家的院子。邻居们也都在陆陆续续回家，大家都看见雷莎太太的身后跟着一只黑猫，都很有礼貌地让出一条道。

"你好，老太太。"邻居向雷莎太太问好。

"你好。"雷莎太太也向邻居问好。

"你好，黑猫。"邻居向黑猫问好。

"你好。"黑猫学着雷莎太太的样子向邻居问好。

雷莎太太很满意地看看黑猫。

黑猫想，哦，邻居之间就是这样相互问好的啊，就像猫和猫见了面相互要翘翘胡子，然后说"喵呜"一样。这一切做起来很简单啊。

汤太太看着这一切，惊讶得忘记了自己在修剪玫瑰，一不小心扎到了自己的手指。

那条叫作阿旺的狗本来是趴在地上的，惊讶得一下子就爬了起来。他自言自语地说："雷莎太太居然带回来一只猫，简直不可思议。"

在这个雨街，和人一起生活着的只有两只动物，一只就是他狗狗阿旺，还有一只是钟表修理工的老乌龟，在街尾的一家钟表店里，这只猫是第三只。

中午，雷莎太太已经把鱼做熟，屋子里飘满了香味，雷莎太太把鱼分成两盘放在餐桌的两端，餐桌中间放着一盘花，是紫色和白色的雏菊。这幢小楼后面开满了这样的野花。

雷莎太太和猫面对面坐着。雷莎太太面前的盘子里装着鱼头，黑猫面前的盘子里装着鱼尾巴。

雷莎太太给黑猫一块餐巾，让黑猫围在脖子上。

"如果你没有意见，你就吃尾巴那部分。"雷莎太太害怕鱼尾巴上的刺。

黑猫已经很馋，并且他对骨头一点儿也不会在意，所以他一个劲儿地点头。

这顿午餐黑猫吃得很满意，连雷莎太太吃剩下的鱼骨头也被他全部吃完了。

雷莎太太也很高兴，她喜欢看见黑猫的胃口好。

4

雷莎太太家的烟囱里冒出了彩色的泡泡，这是黑猫在雷莎太太家里洗澡。这个晚上，黑猫有了自己的名字。

下午四点，雷莎太太的猫头鹰钟又响起来，雷莎太太想到自己该出门了。

"我要出去走走，你在家里做什么呢？对了，你应该洗个澡。"雷莎太太说。

黑猫已经很久没有洗澡了，他也希望洗一个热水澡。

"好的。"黑猫回答着。

雷莎太太出门的时候，在门外遇到了狗狗阿旺，阿旺眯着眼睛，下巴趴在前爪上，已经睡着了。雷莎太太从阿旺身上跨过，阿旺一点儿也不知道。

黑猫已经走进了浴室，这是一个很漂亮的浴室，浴室四周的墙壁是黑白格子花纹的，紫色的浴缸，架子上挂着彩色条纹的浴巾。

黑猫在浴缸里倒进沐浴露，浴缸里马上就满是彩色的泡泡了。黑猫躺进浴缸，彩色泡泡把他包围了。"真是太舒服了。"黑猫说。他只露出一个猫头和一条猫尾巴。

那些彩色的泡泡轻轻的，飘满了浴室，黑猫觉得很有趣。泡泡又从浴室飘进客厅，接着就飘进厨房，最后从厨房的烟囱往外冒。

邻居汤太太最先发现，她大叫着："啊，雷莎太太的烟囱在吐泡泡。"

汤先生也看见了，他也嘀咕着："哦，太奇怪了，这老太太在做什么？"

汤太太觉得这回终于可以说服丈夫了，所以她说："多少年了，我一直认为她是一个奇奇怪怪的老太婆。"

屋外的孩子们也已经停止了跳房子游戏，他们看着雷莎太太家的烟囱吐彩色泡泡。

男孩子说："我觉得这幢老楼好像已经要飞起来了。"

"真的，已经离开地面了。"女孩也说。

自从他们看见砖变成了青蛙以后，他们已经不怎么大惊小怪了，这些奇奇怪怪的事情总是和雷莎太太连在一起的。

雷莎太太这时候从街角的花坛边走了过来，她也很吃惊。"天哪，那只黑猫，他在家里做什么？"

当她打开家门的时候，她自己也被肥皂泡包围了。雷莎太太说："这回麻烦了。"

真的，汤先生和汤太太看着雷莎太太的老楼轻轻地飞起来，摇摇晃晃的。只有那些爬山虎的藤还紧紧地抓着房子的墙壁。

"感谢这些植物。"汤先生说，"它长在房子的周围，总有它的作用和价值。"

男孩和女孩，还有汤太太，或者还有其他看见的人，都惊讶得张大了嘴巴。

过了很长时间，烟囱里不再冒彩色泡泡了，房子也不再往上升，爬山虎有着很深很深的根部，它古老的藤像无数长长的手臂，把房子拽回来了。

屋外安静极了，一切恢复了原状。

一会儿，只听见狗狗阿旺在叫着："我刚才明明是睡在屋外的，可是，等我醒来的时候，为什么我就到了屋里了。这房子自己搬了地方。简直不可思议。"

汤先生对他家的狗说："好了，别嚷嚷了，在这条街上，什么样的事情都是可能发生的。"

黑猫洗好澡，裹着彩色的浴巾从浴室出来。午后的阳光透过窗口的爬山虎叶子射进窗户，照在黑猫的头上。黑猫竖着尾巴，耳朵摆动着，显得很有光泽。

雷莎太太正在客厅里看电视。在她的头顶还飘着三个泡泡，像三只透明的气球，轻轻地在飘动着。这是三个"顽固"的泡泡，雷莎太太无法让它们破碎，只能让它们在眼前晃来晃去。

黑猫完全不知道刚才的一切，他坐到电视机前去看电视。电视里正在放一只猫的历险记。

"听着，孩子，你既然和我住在一起就应该有一个名字。"雷莎太太说。

"可是，我从来都叫黑猫。"黑猫说。

"那不行，连我家的小老鼠都有名字。"雷莎太太说。

正在这个时候，电视里那只历险的猫掉进了陷阱。雷莎太太头顶的泡泡"啪"地碎了一个，还有两个在那里飘动着。

"你叫阿洛吧。"雷莎太太说，"对了，我就叫你阿洛，听起来像人的名字。"

黑猫很满意这个像人一样的名字。

"啪——啪——"，剩下的两个泡泡也碎了。

4

雷莎太太给了猫一份工作，还为猫订了一份

报纸，报纸的名字是《狗眼看人》，这是一份真正为动物准备的报纸，阿洛和阿旺常常坐在美人蕉下面读报。

自从有了黑猫，雷莎太太就不用再自言自语了。

"阿洛，你去看看，放在桌上的那块蛋糕还在吗？"

"阿洛，你应该把爪子洗洗干净再吃东西。"

"阿洛，你帮我把披肩拿过来。"

雷莎太太总是这样招呼着阿洛。

而那只叫作班尼的老鼠，也不敢随随便便到雷莎太太的地板上散步了。

邻居老汤家的那条叫阿旺的狗常常忘记取报纸，而跑到花坛边找阿洛。阿旺说："怎么样？和人住在一起习惯吗？"

"是的，你呢？"黑猫阿洛说。

阿旺说："当然，我喜欢汤先生，汤先生喜欢动物和植物超过喜欢人。"

阿旺接着问："你有工作吗？"

"工作？"阿洛不明白阿旺的意思。

"比如像我，每天拿报纸，还帮主人看门。"阿旺说话的时候显得很自豪。

阿洛显得很不安，因为雷莎太太没有让他看门，也没有让他拿报纸。

晚餐的时候，阿洛一直没有说话。

雷莎太太问："怎么了？我的孩子。"

"我需要一份工作，像阿旺一样的工作。"阿洛把尾巴竖起来，耳朵也竖起来，显得很强大。

对待这只需要工作的黑猫，雷莎太太很认真。

她想了想，说："这样吧，你从今天开始就帮我看管家里所有的木家具，不让那只叫班尼的老鼠随便来磨牙。"

这工作太重要了，无论是雷莎太太的椅子还是桌子，都不能再承受损伤了。不过，对猫来说，看管像班尼那样胆小的老鼠也太容易了。

"另外，从今天开始，你还要去取一份报纸。"雷莎太太说。

第二天下午，阿洛和阿旺一起等在花坛边取报纸。

四点十分，邮递员的单车从街角的花坛边经过，扔下来两份报纸，阿旺接住了其中的一份，阿洛没有接住，阿洛很羡慕阿旺。

可是，等他们打开报纸的时候，就轮到阿旺羡慕阿洛了。

阿洛的报纸是一份完完全全吸引狗和猫的报纸，报纸的名字叫《狗眼看人》，主编是一只智商绝对高的狗，研究人已经有很多年了。

只要是动物，基本上都是知道《狗眼看人》这份报纸的。这几年，《狗眼看人》的发行量一年比一年多，主要原因不仅仅是它拥有众多的动物读者，更主要的是它拥有了很多人类读者，人类越来越关注动物的存在。

下面介绍《狗眼看人》的几个著名栏目：

一、牛头不对马嘴。主持：牛和马。在栏目的开头有一头牛和一匹马的图像，牛戴着眼镜，马戴着耳机。牛和马都是能说会道的演说家，他们进行辩论，主要是谈谈对人的看法。本期的话题是：和人类一起居住对动物是好事还是坏事？牛说，和人类一起居住对动物是好事，而马说，和人类一起居住对动物是坏事。他们各说各的观点，永远说不到一块。

二、不要把我当成猪。主持：猪。接着就是一头猪的图像，这头猪穿着西装，开着一辆豪华轿车，很有气派。本期主持猪认为，和人相处要懂得遵守交通规则，不要认为是猪就可以随便穿马路，照样会受到人类警察的罚款，而猪又没有人类的钱，这是一个很麻烦的问题。

二、学会说"不"。主持：蜥蜴。照片上的蜥蜴张大了嘴巴，耸着肩膀，一副无可奈何的样子。这是一个最受动物欢迎的节目，他教动物学会对主人说"不"，如果哪个主人被自己养的动物抛弃了，主持蜥蜴会把他的照片登出来，让大家看看这到底是谁，大家就都不愿意和他一起住了。

对于阿旺和阿洛来说，这份报纸是很有趣、很重要的。

"和人类一起生活，必须读读这份报纸；和动物一起生活，必须读读这份报纸。"这是报纸狗主编送给每一个读者的话。

阿旺和阿洛坐在那一株美人蕉下面认认真真地读着报纸。

5

阿洛出生在风街。他的妈妈是很漂亮的白猫，她把黑猫藏在兔子的草垛里，藏在树上，藏在河边的草丛中，最后，主人胖女人还是把他丢弃到一个陌生的地方。

美人蕉有着宽大的叶子、红色的花朵，黑猫阿洛喜欢这株美人蕉。

美人蕉叶子尖上有一滴雨珠滚落到阿洛头上，阿洛一点儿也没有感觉到，他趴在那里想自己的心事。

阿旺推推阿洛："你在想什么？好像有心事哦。"

阿洛好像是猛地被惊醒了一样，胡子猛地一翘，说："你知道吗？我曾经被人类抛弃过。"

阿旺很同情他："是吗？这简直不可思议，你恨人吗？"

阿洛想了想，猫脸显得有些不高兴："不，我不恨人，雷莎太太就是一个好人。但是我以前的主人是个很冷酷的人。"

阿旺很想知道阿洛的故事，他伏下身，眯起眼睛，准备当一个忠实的听众。

阿洛出生在风街，距离雨街很近。风街常常刮风，并且伴随着一些沙尘，所有的房屋看上去都灰蒙蒙的，住在风街的人大多数是贫穷的。

但是，阿洛出生在一个富有的家庭，一起出生的还有另外几只猫，他们都是白色的，而且都很胖，只有阿洛是黑色的，很瘦小。

阿洛的妈妈是一只很漂亮的白猫，她有着雪白的毛和健康的身体，她是捉老鼠的能手。

猫妈妈喜欢她的猫，尤其是那些白色的猫。

猫的主人是一个很胖的女人，她说，这样多的猫养在家里，真的很烦，想办法送人吧。

后来，就是一个接着一个的人来看，他们中间有的是穷人，有的是富人，那些白猫一只一只被领走。

领走的猫很舍不得自己的妈妈，猫妈妈也舍不得自己的孩子。

最后，就剩下了黑猫。剩下来的黑猫也很伤心，因为他知道自己是一只没有人看得上的猫。

当其他的猫宝宝被领走以后，猫妈妈就只有一个孩子了，猫妈妈虽然觉得黑猫长得太黑，但是，她不希望黑猫再被抱走。

猫妈妈把黑猫藏在郊外兔子的草垛里，那些兔子把草晒干，堆成草垛，到了冬天，兔子就吃草垛上的干粮，终于有一天，兔子把草垛吃完了，兔子吃完最后一些草的时候，说："再见，黑猫，你要等到明年秋天再来住了。"

　　猫妈妈又把黑猫藏在树上，树上的鸟儿好奇地打量着黑猫，他们问他："你有翅膀吗？你有彩色的毛吗？"这让黑猫非常尴尬。最糟糕的是风街经常刮风，当风儿吹来的时候，黑猫紧紧地抱着树干，他感觉非常害怕。

　　猫妈妈把黑猫藏在河边的草丛里，黑猫和青蛙一起玩，一起看池塘里的星星，他们感到非常开心。猫妈妈每天都到河边看黑猫，然后回家，有一天回家的时候，猫妈妈把河边的泥巴带回了家。

　　胖女人一边擦着地板，一边叫起来："这些泥是哪来的？只有河边的湿地里才会有这样的泥。"

　　胖女人开始跟踪猫妈妈，她在草丛里找到了黑猫。

　　她把黑猫拎起来，很生气地说："这个脏东西，没有人要的东西，这回可让我找到了，我要把你扔得远远的。"

　　猫妈妈竖着尾巴站在胖女人的面前。但是，胖女人根本就不理会。

　　胖女人把黑猫装在一个纸箱里，然后就带到了一个完全陌生的地方。那是一个冬天的夜晚，大街上一个行人也没有。胖女人拎着猫的脖子说："你就留在这里吧。"然后就走了。

　　黑猫紧紧地跟了几步，但是，胖女人走得更快了，黑猫就不再追了。

　　他站在光秃秃的电线杆下面，路灯的光冷冷的，把黑猫身后的背影拉得老长老长。他紧紧地靠近电线杆，冰冷的电线杆成了他唯一的依靠。

6

阿洛流浪到阳光街，阳光街所有的东西都是有主人的。他连树都不能靠一靠，因为树是属于鸟笼里那只鸟的，而他连一片树荫也没有。

黑猫独自流浪到阳光街。那是阳光巫婆统治的地方，阳光巫婆把阳光街弄得香喷喷的。

冬天到了这样一个地方，应该是最幸运的事情了。

这里的人们喜欢晒被子，晒鞋子，晒豆子，晒一切可以晒的东西。

阳光街住着很多的猫，猫在那里随时都可以晒太阳，大家都说，那是猫的乐园。那些猫都有自己的主人，他们的脖子里挂着铃铛，他们被主人抱着，很悠闲的样子。

有一只花猫，她的脖子里戴着一个铃铛，走起路来丁零当啷，她有一块透明的玻璃。她拿着透明的玻璃到处照着。

当她把玻璃照到阿洛身上的时候，阿洛的身上就有了一个亮亮的光圈。

她问黑猫："你是谁？"

"我是一只野猫，一只无家可归的野猫。"黑猫说。

"啊哈，这里有一只野猫，他什么也没有，也不属于谁？"铃铛猫说。

"是的，我什么也没有，也不属于谁。"黑猫说。

铃铛猫很高兴，她对黑猫说："好的，那你就是自由的，你想看我变魔术吗？"

黑猫不懂得她有什么魔法。

铃铛猫就去捡一些落叶，她说："这棵树是我家主人的，所以这些落叶我可以随便拿。"

她把那些落叶聚集在一起，然后拿出那块玻璃，对着太阳，让太阳照着玻璃，落叶上马上就有了一个小小的圆点。

铃铛猫说："这叫焦点，懂吗，焦点就是焦点。"

铃铛猫一动也不动，让那个焦点一直对着落叶，过了一会儿，黑猫看见那一堆落叶燃烧起来了。

铃铛猫叫起来："哦，我成功了，我成功了。"

火继续烧着，越来越旺，烧到了一个竹篱笆。

竹篱笆后面冲出来一个男人，很凶地骂起来："啊，这是我的篱笆，你们居然敢在我这里放火。"

黑猫吓坏了，他拼命地逃，逃啊，逃啊，他走了很长很长时间的路。最后，他跑不动了，他找到一棵树，这是一棵光秃秃的树，他想在树上靠一靠，休息一会。

"喂，你是哪家的猫啊，这是我的树。"树上挂着一只鸟笼，鸟笼里的鸟瞪着眼睛对着黑猫说话。

"你的树？"黑猫很奇怪。

"当然，这是我的树，所以我才挂在这里。"

真好笑，这只挂在笼子里的鸟还有一棵属于自己的树？

"那好吧，我就只在树荫下站一会儿。"黑猫说。

"那也不行，树荫是属于我的。"说话的居然是那棵树。

"到了冬天，我的叶子落在地上，我变得光秃秃的，只剩下这个影子，让我看见自己依然美丽的树干。"

啊，这棵冬天的树还有属于自己的影子。

是啊，黑猫看看自己的身影，他也只有这个身影是属于他自己的。

"但是到了黑夜里，连身影也看不见了。"黑猫说。

树听了黑猫的话很难过，黑猫自己也很难过。

后来，黑猫才知道，阳光街所有的东西都是有主人的。

阳光街的某一块砖是属于一只蟋蟀的。

阳光街的某一朵花是属于一只蝴蝶的。

阳光街的某一条街道是属于某一位富翁的。

阳光街的阳光是属于阳光巫婆的。

黑猫只能离开阳光街，继续流浪。直到流浪到雨街，遇到了雷莎太太。

"好了，现在好了，你已经有了一个非常好的家。而且你瞧，这报上也说了，动物也可以抛弃人类。"阿旺说的报纸就是那张《狗眼看人》报。

此刻的阿旺拿着报纸站在黑猫面前，舒展着自己的每一根黄毛，尽量使自己看起来高大一些，直到他认为自己像一堵墙了，才满意地摆了摆耳朵。

7

雨街将发生地震，汤先生说，这是雨街的第二次地震，雷莎太太不愿意离开她的老楼，阿洛也不愿意离开雷莎太太。他们共同度过了一个难忘的夜晚。

有一天，《狗眼看人》给人类报了一个提醒：雨街将发生地震。

雨街的人们说："动物有愚人节吗？他们也和人类开玩笑？"

是啊，他们在雨街生活了很多很多年，早就摸清了雨街的脾气，这里一直都只是下小雨，最多也是中等雨量的雨，连大雨也不下的。

人们都说："听汤先生的，听听他怎么说。"

汤先生是雨街有名的地理教师，并且他从不撒谎，他说的话人们是相信的。

汤先生开始查阅关于雨街的地震史。在雨街的图书馆里，汤先生像一只虫子一样埋进了书堆。他开始翻阅那些积了灰的书。

他看见一本很厚很厚的书，他把封面上的灰吹去，啊，这是一本很奇怪的书，书上一个字也没有。

这样厚的一本书，居然是空白的？汤先生很奇怪。

夜晚，汤先生把这本书对着灯光来看，啊，他看见了。

这本书的封面有女巫的头像，上面还有雨巫婆、风巫婆、阳光巫婆和雾巫婆的签名。

这本书藏在雨街的图书馆里，没有人想到要在灯光下才能看，而且，里面的文字是女巫的文字，没有人可以看得懂。但是，汤先生看懂了。这是一本记录附近一带女巫活动的书。

书的最后一页记录了一次地震，地震的中心在雨街附近的海上，雨街有八幢房子倒塌，有十棵树被连根拔起。

汤先生开始相信雨街会发生第二次地震。

他很严肃地告诉雨街的人："很多动物有着比我们更加灵敏的感觉，关于地震我们应该听听动物们的忠告。"

人们认真起来，开始在雨街空旷的地方搭帐篷，雨街一下子有了很多很多彩色的帐篷，就像是一场小雨后，地下冒出了很多很多的蘑菇。

汤先生家的帐篷就是汤先生在野外观察时用的黄色帐篷。汤先生自己并不住，他天天在观察蚂蚁，这些蚂蚁用触须谈论着雨街地震的情况，汤先生想破解他们的交流密码，获得关于地震的一手资料。

阿旺很喜欢住帐篷，他来邀请阿洛一起去他家的帐篷。

但是，阿洛和雷莎太太还像以前一样住在自己的小楼上。

阿旺说："阿洛，你来和我住在一起吧，你家里的家具都少了一条腿，地震的时候，这些家具也许会压死你的。"

阿洛回答说："雷莎太太也这样说，她希望我能离开老楼。和你们在一起，但是，雷莎太太自己要留在老楼上。"

阿旺一本正经地说："哎，人类对家的依恋真让人无法理解。"

是啊，一般来说，人类依恋家，而动物依恋人。

阿洛就是这样的动物，他说："既然雷莎太太不离开老楼，我也不离开老楼。"

当天夜晚，暴风雨真的来临了，雨街的所有树木都好像是发疯的狮子在狂舞，风巫婆骑着她的扫帚举着风车，出现在黑暗的天空中，这是风巫婆最得意的时候，她已经有很久没有这样畅快地制造大风了。

一会儿，雨街所有的房子开始晃动，雷莎太太的老楼变得倾斜。

屋子里，雷莎太太的所有家具都"噼里啪啦"倒在地上，雷莎太太坐在屋子的一个角落里，阿洛紧紧地靠在她的身边。

"阿洛，你怕吗？"雷莎太太问。

阿洛点了点头说："是的，我害怕。"

雷莎太太说："这样的地震在雨街已经不是第一次了，还有一次是在很多很多年以前，那一次，我也很害怕。"

阿洛问："我们的房子会倒塌吗？"

"也许会的。阿洛，你现在还可以逃走。"

"不，我不想离开您。"阿洛说。

黑夜里，阿洛和雷莎太太紧紧地靠着一起，他们彼此觉得离得很近，很近。好久好久，雷莎太太没有这样近地靠近过谁，阿洛也一样，自从离开了妈妈，他没有靠近过谁。

他们谁也不说话。对地震的恐惧和依偎在亲人身边的感觉交杂在一起。

天空中，风巫婆挥舞着她的风车，"哈哈，真过瘾，我可以随意拔树，我可以摧毁一切。"

她一连拔了三棵树。

"风巫婆，别太过分了。"天空中又出现了一个巫婆。她骑着银白色的芦花扫帚。她是雾巫婆。

风巫婆愣了一愣，说："你为什么总是和我过不去，你和雨女巫婆该帮我才是，帮我一起下雨、起雾，可是，你们从来就不配合我。"

雾巫婆说："我永远都不会帮你，你知道你给别人带来多大的痛苦吗？而且我不许你碰那幢老楼。"

风巫婆举着风车的手放了下来，最后，她气急败坏地说："你和雨巫婆一样，永远和我作对。"

一切恢复平静的时候，已经是第二天的上午了。

雨街除了被拔掉三棵树以外，还有大量的房屋出现了裂缝，但是没有倒塌。人们感到非常的幸运。

汤先生帮雷莎太太把家具恢复到原来的位置。经历了这一切，雷莎太太对自己的旧家具更加充满了感情。

汤先生对阿洛说："你真了不起，孩子。"但是阿洛只是笑了笑，他想：在这样的时候，一家人就是应该在一起的，不是吗？

第二章　神秘的灰衣人和奇奇怪怪的猫

8

阿旺和阿洛遇到了神秘的灰衣人，灰衣人却能听到阿洛心里想的话，结果，灰衣人把阿洛和阿旺一起抓走了，在灰衣人的口袋里，装着很多很多只猫。

雷莎太太总是在四点下楼，这已经不用多说了，就像雨街的人们总在早上七点开始吃早餐，街头那只蟋蟀总在晚上七点开始唱歌。

其余时间，雷莎太太总喜欢坐在窗口，她窗户的上面一半已经挂满了爬山虎，像一道绿色的窗帘，雨点儿淋着发出沙沙的声音。

雷莎太太从摇椅里站起来，正为自己煮一壶热水。

阿洛匆匆忙忙地从外面闯了进来，他的身后跟着阿旺，他们在一直跑到楼上，楼上有一个工具箱，雷莎太太很少用到，工具箱里有一把小小的花铲和一个榔头，还有一些钉子。

阿洛选了花铲扛在肩膀上，阿旺选了榔头，握在手里。

雷莎太太想叫住他们的时候，他们已经一溜烟地下楼了。

阿洛和阿旺来到花坛边，他们藏在一丛灌木的后面。因为有了工具，他们觉得自己的胆子又大了几分。

"如果我们从灰衣人手里夺下那个口袋，我们就成了英雄了。"阿旺最近一直想成为英雄，他是一条健壮的年轻的狗，他觉得他应该有这样的理想。

阿洛决定帮助阿旺成为英雄。

不一会儿，他们看见一个灰衣人吹着口哨走过来了，他的个子不是很高，但是很健壮的样子，衣服和裤子都是灰的，有些脏，样子很陈旧，紧紧地包在他的身上，他的腰间扎着树皮腰带，脚上穿着很大的草鞋，他那顶尖尖的帽子没有戴在头上，而是卡在腰间。

"注意，目标到了。"阿旺压低了嗓门说，他的第一次冒险就要开始了。

灰衣人离他们越来越近了，他的手里举着一根很长很长的竹竿，但不是钓鱼竿，他背着一个很大的麻布袋，好像很重的样子，但是灰衣人总是背着，从不放下来。

"他的口袋里是什么？好像一点儿也不累。"阿洛心想，"也许是一口袋土豆。"

"哈哈，你这个小傻瓜，居然认为我会背着一袋土豆？"灰衣人突然开口说话了。脸就对着美人蕉花丛，眼睛直勾勾地看着他们。

阿洛吃惊极了，他心里想的事情灰衣人也能知道。

灰衣人一把拎起阿洛，抓进了他的麻袋里。

阿旺一看不妙，赶紧举着他的榔头，向灰衣人打过去。

灰衣人凶巴巴地说："哼，狗也来凑热闹了。"说完也一把拎起阿旺，放进了他的口袋。阿旺的榔头还没有机会用就被灰衣人甩得远远的了。

阿旺被抓进口袋，嘴里还在嘟嘟囔囔的："看来，英雄是不好当的。我们还没有行动，他就发现了我们，简直不可思议。"

口袋里一片黑暗，阿洛和阿旺的身边挤满了毛茸茸的小动物，在这个小小的口袋里，居然还装了好几只猫。

谁也看不清谁，大家都只看见绿色的眼睛在一闪一闪。他们说："哎，又多了两只倒霉的猫。"

"但是，我不是猫，我是狗。"阿旺说这话的时候，觉得没有面子极了。

"哎呀，真奇怪啊，灰衣人是不抓狗的，他抓狗一定是因为这条狗惹了他。"

"一定是因为这条狗和猫在一起，所以他顺便抓了。"

"阿旺，你后悔吗？"阿洛说。

"我不后悔，但是，我怕汤太太难受，她每天都要等着我送报纸的。"阿旺送报纸的时候，汤太太总是说："哎，我的腿脚已经不灵便了，多亏了你啊。"

阿洛也想起了雷莎太太，甚至还想起了那只叫作班尼的老鼠，他还没有看见过他，只是听见他在地板下磨牙和打鼾。如果有机会见到他，他甚至想对那只老鼠说，雨街很少有阳光，别总是待在地板下面。

"哼哼，那只小老鼠希望你最好不能回家，他才能自由自在啊。"口袋外面传来了灰衣人的声音。

啊，阿洛太吃惊了。他心里想的，灰衣人居然又知道了。

阿旺也很吃惊，他说："他居然能知道阿洛想什么，简直不可思议啊。"

"猫的心里想什么，他都能知道，他琢磨猫已经很多年了。"那些口袋里的猫说。

灰衣人用手拍拍麻布口袋，说："安静一些，我需要你们安静。在黑夜里静静地等待。否则，我会把你们装进密封罐子，做成一个罐头。"

"他会这样的。"口袋里所有的猫一起说。

"我是魔鬼。"灰衣人说，"我只做坏事。"

"好，我不说话，但是，我并不怕你。"阿旺说，他想起自己本来是想来做英雄的，现在做了俘虏，这样说才算是在猫的面前挽留了一些狗的面子。

9

雷莎太太穿着一件黑黑的大袍子，戴着一顶紫色的帽子出现在灰衣人面前，灰衣人连滚带爬地逃走了。雷莎太太的打扮让阿洛、阿旺还有汤太太很吃惊。

　　阿旺一直被扎在口袋里，他想，如果被灰衣人带远了，会不认识回家的路的，他每隔一段路就留下一点点儿的小便，小便从麻袋里流出去，滴在路边，狗就是靠闻自己的小便认路的，他确信这样做他和阿洛就丢不了，就能回家。

　　因为阿旺是狗，不是猫，所以阿旺心里想的，灰衣人一点儿也不知道。

　　灰衣人扛着布袋，哼着小曲，他的口袋里已经有好几只猫了，他对自己说："巴哈拉，这下你痛快了吧，这下你像一个真正的魔鬼了吧。"

　　但是，巴哈拉并没有笑，他的嘴巴往上翘了一下，又放下了，"魔鬼巴哈拉为什么不快乐？"他问自己。

　　原来这个灰衣人叫巴哈拉，而且他是一个魔鬼，还是一个心情不好的魔鬼。

　　阿旺开始有些害怕了，他想：有时候，英雄也会怕魔鬼的，有时候，英雄也是要别人来救的。

　　可是，谁能来救呢？谁敢惹魔鬼呀？

　　终于，巴哈拉停止走路了，传来了一个女人的声音："巴哈拉，放下你的口袋。"这声音有些刺耳。

　　"啊哈，来了一个女英雄。"阿旺想。

　　魔鬼巴哈拉又吃惊又有一些慌张。"啊，你认识我，你知道我的名字？"

　　"你不认识我了？"那个声音听起来有一些苍老。

　　"啊——"，巴哈拉大叫着扔下口袋，连滚带爬地就逃走了。

那个女英雄还在叫着："巴哈拉，我还有话对你说……"

但是，巴哈拉已经走远了，只留下一缕青烟。

青烟消失的时候，口袋里的猫也挣脱出来了，他们终于看见了亮光，阿洛和阿旺先从口袋里出来，接着是一只胖猫，一只白猫，一只瘦猫，一只黑猫，最奇怪的是有一只扁扁的猫。

他们全都揉着爪子，眼睛很不适应光线。

阿洛和阿旺显得很惊奇，不仅仅是因为那只扁扁的猫，而是因为他们怎么也没有想到，站在他们面前的是雷莎太太。

雷莎太太穿着一件黑黑的大袍子，头上戴着一顶紫色的帽子，帽檐很宽，上面趴着一条长尾巴的壁虎，壁虎的尾巴一直挂到雷莎太太的耳朵边，雷莎太太的手里拿了一把很破旧的扫帚。

"啊，女巫——"，那些猫欢呼起来，在古老的传说中，女巫和猫是很好的朋友，每一位女巫一定要拥有一只猫。

"孩子们，你们自由了。"雷莎太太对这些猫说。"还有你，阿旺，是你留下的记号让我找到你们的。你是最好的狗狗。"

"记号？你留了什么记号？"阿洛问阿旺。

阿旺对着阿洛和其他猫得意地挤挤眼睛，故意很神秘地说："这是一个秘密。"阿旺把尾巴竖着，其实，他有些不好意思告诉大家，他一路上留下的记号是小便。

"你是巫婆吗？"扁扁的猫突然这样问雷莎太太，这正是所有的猫都想问的。

"我只是一个普普通通的老太婆。"雷莎太太已经摘下帽子，脱下长袍，就像一个打扫马路的清洁工人。

这时候，马路上开始下雨。

雷莎太太第一次没有带伞出门。雨水一点点儿淋在她的身上，她额前的一缕白发已经被粘在脸上，她的衣服也被雨淋湿了。

汤太太因为惦记自己家的狗，所以一直都趴在窗口看着，她看见雷莎太太带着一群奇奇怪怪的猫回家，自言自语地说："我早就说过，雷莎太太不是平常的人，这回可被我猜对了。"

"先到我家里去烤烤火吧。"雷莎太太邀请了所有的猫，当然也包括了汤太太家的狗。

在经过邻居汤先生家门口的时候，汤太太在门缝里叫唤她的狗。

阿旺假装没有听见，继续往前走，但是，汤太太用汤先生抓蝴蝶的网兜来套阿旺的头了。阿旺很不情愿地回家了。

在关上门的时候，阿旺又把头伸出来，对着大家的背影说："这是我的第一次历险，我会兴奋一个晚上的，祝你们也睡不着。"

10

在雷莎太太家的壁炉前，围着很多很多的猫，其中有白猫、胖猫、方便面猫和油画猫，他们围在火炉边烤火，述说着自己的故事，最后，雷莎太太送给了白猫一个美丽的名字。

雷莎太太家的客厅不是很大，雷莎太太把壁炉点燃了："好了，孩子们，你们好好休息吧，别吓坏了我家地板下的老鼠班尼。"

她自己坐在那张古老的摇椅上，猫在她的身边坐下来。客厅很快就暖和起来。

"阿嚏——"，雷莎太太打了一个喷嚏，"我已经着凉了。"

"我们也是。"那些猫说，"阿嚏——""阿嚏——""阿嚏——"，他们也都开始打喷嚏，每只猫都打了一个响亮的喷嚏。

"我已经在黑暗的口袋里睡了很长很长时间了，好像我一辈子都不用再睡觉了。"那只很美的白猫说。

"你从哪里来？"胖猫问。

"乡下，我出生在菜地里。"白猫说。

"你叫什么名字？"胖猫又问。

"不知道，我没有名字。"白猫说。

"哦，你是一只野猫。"胖猫说，"我叫胖胖，是主人给我起的，其实我的主人比我更胖。"

"我叫方便面猫。"那只瘦瘦的猫这样介绍自己。

"我叫油画猫。"那只扁扁的猫说。

他们是一对几乎相同的猫。"其实，我们是双胞胎猫。"两只猫同时说。

所有的猫都不懂得他们的意思，用很奇怪的眼神看着他们。

"哎，别提了，我们的主人是一位画家，她平时不做饭，光吃方便面，作为她的猫，只能和她一样吃方便面了。更糟糕的是，她还喜欢给我系上铃铛，这样，我走到哪里声音就响到哪里，就算是蟑螂我也抓不到啊。所以我决定离开家。"

"我就是她画的猫，照着方便面猫的样子画的油画猫。"

"这么说，你是方便面猫的影子？"黑猫问。

"不是的，我是彩色的，影子是黑色的。另外，我的家在墙上的画里，我不愿意住在墙壁上。"

方便面猫还要加上这样一句："我更加不愿意，有时候，我还会变成主人擦油画笔的抹布。"

"啊，我的经历比你们糟糕多了。"胖猫说，"我的主人太喜欢我了。"

大家都说："喜欢你还糟糕啊？"大家很羡慕地看着胖猫。

胖猫叹着气说："哎，你们不知道啊，我的主人喜欢给我修剪胡子。这对于猫是多么糟糕的事情啊。猫没有了胡子就像盲人失去了拐杖，当我经过狭窄的地方时，常常撞得眼冒金星。"

这回，就轮到大家都很同情地看着胖猫了。

最后，大家都看着黑猫阿洛。

"我叫阿洛。"阿洛有人类一样的名字，让所有在场的猫羡慕。

"你住在这里真的很好。"胖猫说。

"那你也住在这里好了。"阿洛说。

胖猫向四周看了看，说："这里太简陋了，我喜欢住在有钱人的家里。"大部分的猫都是喜欢住在富人家的。

只有白猫在那里一声也不响，最后说："我想回到乡下。"

这时候，大家都听见地板底下有一个尖尖的声音，说："乡下是好地方，我去过的。"

"谁？"这些猫一起问。

"没有什么，大概是班尼。"雷莎太太说。班尼真是一只不识相的老鼠，这么晚了还不睡觉，非要在猫面前弄出点动静来。

大家围着火炉说着话的时候，毛都已经烘干了。

"都怪那个烟囱魔鬼，他是一个大坏蛋。"胖猫说。

"他是烟囱魔鬼。因为在烟囱里钻进钻出，身上总是很脏，所以，没有人喜欢他。"雷莎太太说。

"我们也不喜欢他。"那些猫一起说。

"其实，他帮助大家把烟囱打扫干净了，烤火的时候才不会有烟。"雷莎太太说。

"那时候，烟囱魔鬼是一个很年轻的小伙子，晚上，他睡在屋顶上，他可以不用敲门，就直接从烟囱进入别人的家里，但是他从来没有这样做过。"

"哦，如果他想做坏事，那太容易了。"方便面猫说。

"但是，他不是一个坏魔鬼。"雷莎太太说。

"他要把我们做成罐头。"很扁很扁的油画猫说，虽然他并不介意被叠起来，但是，他不喜欢黑暗，谁都不喜欢。

雷莎太太只是叹气，她不再说话，而且雷莎太太感觉自己的情况很糟糕，她已经感冒了。

"既然身上已经干了，我们要走了。"方便面猫和油画猫说。

"你们去哪里？"雷莎太太不放心地问。

方便面猫说："不知道，但是雨街不适合我们，尤其是油画猫，他不能受潮。"

方便面猫和油画猫起身的时候，肥猫和白猫也要走了。

"你应该有一个名字，就叫白云怎么样？"临走时候雷莎送给白猫一个名字。白猫很高兴。

"祝你找到富翁。"方便面猫和油画猫一起祝福胖猫。

"谢谢你，雷莎太太，我们永远想念你。"

"再见，阿洛，我们还会见面的。"

每一只猫都重复这两句话，然后就离去了。

11

　　雷莎太太病了，阿洛和阿旺去拿报纸，他们看见了关于胖猫的消息，大家为胖猫高兴，阿旺想去雾街看望胖猫，但是，阿洛说要留下来陪伴雷莎太太。

第二天的下午，太阳光照在雷莎太太的摇椅上，雷莎太太醒过来，一眼就看见站在她面前的阿洛和阿旺。

"你们好，孩子。"雷莎太太轻轻地说。

墙上的猫头鹰钟眨着眼睛，"当、当、当、当"敲了四下。

"哦，谢谢你，猫头鹰先生，谢谢你提醒我。"雷莎太太说。如果没有钟声，雷莎太太还会一直睡下去的。

雷莎太太起身，她要去拿那把黑色的有一些粉红色花纹的伞，然后就上街去。可是，她根本就不能起身。

"你病了吗？"阿旺伸出爪子去摸摸雷莎太太的鼻子，"如果你病了，我去帮你找一些草吃。"

雷莎太太笑了，"我知道这方法对狗很有用。可是，对我没有用的。"说完，雷莎太太摸了摸自己的额头，她的额头很烫很烫。

但她的眼睛还是忍不住向窗户外面看。

"我和阿旺撑着你的伞去等信、拿报纸，好吗？"阿洛问。

"好吧，只能这样了。"雷莎太太把伞交给阿洛。

阿洛和阿旺并排出门了，当他们打开伞的时候，天上飘过来一朵淡淡的乌云。

阿洛问："那朵云从哪儿来？它总是跟着我们做什么？"

阿旺说："不知道，雷莎太太出门的时候，它也跟着的。"

当他们收拢伞的时候，那朵淡淡的乌云又飘走了。

男孩和女孩正在玩跳房子游戏。

男孩说："嗨，阿洛，雷莎太太呢？"

女孩说："她天天出门的，今天我们怎么没看见她啊。"

阿洛说："她病了。"

"哦，我们从来没有想过她会生病。"男孩说。

阿旺说："她淋了雨。"

女孩马上就说："哦，她一直都带着伞的，她怎么会淋了雨了。"

阿洛和阿旺很难过，因为雷莎太太就是为了他们淋了雨的。

骑着单车的邮递员一路打着铃过来了，不下雨的时候，整个雨街很安静，只有清脆的铃声。

"有雷莎太太的信吗？"阿洛问。

"没有。"邮递员说。

他把两份报纸扔过来，阿旺张口接住了，递一份给阿洛。他们在美人蕉下面读着报纸，他们读的就是那张《狗眼看人》的报纸。

他们马上就注意到报上有这样一个公告：

胖猫的朋友请注意：

胖猫已经从原来的胖主人家搬迁，胖猫的现任主人是位很瘦的老先生，他答应不给胖猫挂铃铛，也不替胖猫修剪胡子，胖猫就决定住在他的家里了。

胖猫的联系电话是：517517（我要吃，我要吃，很容易记哦）。请在晚上打电话，白天胖猫要睡觉的，胖猫的主人耳朵不好，所以不用担心吵他。电话就是胖猫专用的。

胖猫的住址是：雾街99号。如果你要来拜访，请不要走屋顶，雾太大，胖猫忠告各位朋友走人行道。

胖猫于云雾别墅

"看来，胖猫已经找到了富人家，他住在别墅里。"阿洛很为胖猫高兴。

"是啊，你去过雾街吗？那里很美。汤太太的一位姨妈住在那里，她去的时候，怕迷失了方向，就拉着我的尾巴。"阿旺说。

"我没有去过雾街，我出生在风街，到过阳光街，最后来到雨街。"阿洛说。

阿旺接着说："那你应该去雾街看看，我们可以马上就出发的，带上手电筒就行。"

阿洛连连摇头，说："不，雷莎太太病了，她需要我。"

阿旺说："是啊，都怪我们，雷莎太太是为了救我们才生病的。"

阿旺坐在阿洛的旁边，不再提去雾街的事情了。

12

关于灰衣人是一个烟囱魔鬼的故事，雷莎太太是在一个下午讲给阿洛和阿旺听的，那根系在树上的蓝丝带让烟囱魔鬼孤独地在黑夜里生活了一百多年。

雨街下起了淅沥小雨，打在雷莎太太家爬山虎的叶子上，发出沙沙的声音。雷莎太太问："报上有没有关于烟囱魔鬼的报道。"

"没有。"阿洛和阿旺说。

"烟囱魔鬼原来一直是住在山上的，后来被关在一个酒坛里，我不知道他是什么时候从酒坛里出来的。"雷莎太太说。

"他已经出来一段时间了，他在很多地方经过，抓了很多的猫。"阿旺说。

"他曾经被猫冤枉过。"雷莎太太说。

真的？一个魔鬼被猫冤枉过？对于一只猫和一个魔鬼

之间的故事，黑猫阿洛很想知道。

雷莎太太用整整一个下午讲了这个故事：

在雨街附近，有一个魔鬼山头，山上住着几个魔鬼，他们没有很大的本领，但是常常到山下来捣乱。

他们中有一个烟囱魔鬼，那时候还很小，只有一百二十八岁，他是山上年龄最小的魔鬼。他穿着灰衣服，背着一个大麻袋，扛着一根细细的竹竿。

山上还住着红面魔鬼、绿面魔鬼和蓝面魔鬼，他们是魔鬼三兄弟，魔鬼三兄弟一块睡觉，一块做坏事，他们还最喜欢欺负烟囱魔鬼。

他们派烟囱魔鬼到雨街来捣乱，规定烟囱魔鬼每天必须做一件坏事。

但是，烟囱魔鬼不会做坏事，他拿着他的口袋和打扫烟囱的竹竿在每家的烟囱前经过，帮人们清除烟囱里的灰。雨街所有的人都喜欢他。当他站在屋顶的时候，他会遇到猫，那些猫都会和他打招呼。

红面魔鬼、绿面魔鬼还有蓝面魔鬼就很不满意。

红面魔鬼说："我们魔鬼就是要做做坏事，吓唬吓唬人的，就是要让别人讨厌的。他也是魔鬼，为什么人们就喜欢他。"

绿面魔鬼说："是啊，这太不公平了。"

蓝面魔鬼说："我觉得我们应该帮他做一点儿坏事。"

帮别人做坏事？魔鬼们常常就是这样做的。

于是，他们在一个夜晚跟着烟囱魔鬼下了山，烟囱魔鬼和猫打着招呼。魔鬼三兄弟就跟在后面把屋顶的瓦片掀了，还把烟囱塞了。

第二天，雨街下起了雨来，人们发现自己家的屋顶在漏雨。

人们做早饭的时候，烟也不往外面去，烟往家里跑，人们被烟熏坏了眼睛。

"那个魔鬼，他在烟囱里捣鬼。"雨街的人们都这样说。

"是的，就是那个烟囱魔鬼，我们昨天遇到他了，他正在烟囱上睡觉。"屋檐上的猫说。

"还有那个雨巫婆，她把我们屋子里一切东西都淋湿了。"人们开始怪罪雨巫婆。

雨巫婆听到这一切，非常地生气。

"这简直太恶作剧了。"雨街的雨巫婆说。雨巫婆是一个很年轻的巫婆，那时候，也只有一百二十多岁。她一直想做一个好巫婆。

雨巫婆叫来所有的猫，聚集在屋顶的平台上。

雨巫婆问："你们确定那些瓦片是烟囱魔鬼掀的？"

"那当然，昨夜，我们只看见烟囱魔鬼在屋檐上走来走去。"所有的猫都这样说。

"他应该受到惩罚。"那些猫说。

是啊，把他关起来，让他无法做坏事，雨巫婆想。

雨巫婆对着一个酒坛子念了魔咒，把烟囱魔鬼收了进去。

"我没有做坏事。"烟囱魔鬼说。

"我会再去查明白的，在我查明白之前，我把你关在这里。"雨巫婆说完就把烟囱魔鬼埋进了一棵树底下。她在那棵树上系了一根黄色丝带。

没过几天，雨巫婆知道坏事不是烟囱魔鬼做的。她去找那棵系着黄色丝带的树。

可是，红面魔鬼、绿面魔鬼和蓝面魔鬼早就把那根黄色丝带拿走了。雨巫婆找不到黄色丝带，也找不到烟囱魔鬼。

哦，可怜的烟囱魔鬼，他在树下一直被埋了一百多年，直到现在。

最后，雷莎太太说："雨巫婆只做了这样一件坏事，让她一辈子都很难过。"雷莎太太说这话的时候，眼泪也流下来了。

"你认识那个雨巫婆？"阿洛问。

"认识，她喜欢听雨点的声音。"雷莎太太说。

"那三个魔鬼兄弟呢？"阿旺问。

"不知道，他们应该去了很远的地方，再也没有人见过他们。"雷莎太太叹着气。

那些猫也很后悔，他们在雨巫婆的面前证明烟囱魔鬼做了坏事，可是，他们中间没有一只猫是亲眼看见的。

阿旺说："这些猫简直太不可思议了，胡乱说话，世界上很多猫都是这样的，这是猫的弱点。"

雷莎太太说："也不能太怪猫，世界上也有很多巫婆都是随意使用法术的，有时候，拥有魔法不是一件好事情。"

阿洛想：烟囱魔鬼在黑黑的地下，琢磨猫，已经琢磨了一百多年了，难怪他能知道猫心里想什么，也难怪烟囱魔鬼要抓猫。

雷莎太太很虚弱，她说："一百年，烟囱魔鬼在黑夜里承受着寂寞，雨巫婆呢？她同样也承受着深深的内疚。"

雷莎太太说最后一句话的时候，她的声音已经很轻很轻了。

第三章　阿洛独自住在雨街的老楼上

13

雷莎太太真的病倒了，汤先生说，给她安静是对她最好的帮助。雷莎太太把房子留给了阿洛，叮嘱阿洛好好过日子，照顾好老楼。

"当、当、当、当"，钟声响了四下。

"去吧，孩子，去看看有没有我的信。"雷莎太太说。

阿洛和阿旺到了花坛边的时候，邮递员的单车刚好经过这里，他照样没有停下来，只是把两张报纸扔了过来。阿洛接住了，阿旺向阿洛翘翘狗爪表示赞扬。

阿洛拿着报纸回家了。

"有我的信吗？"雷莎太太问。

“没有。”阿洛摇着头。

“我等了多少次啊，这是最后一次了。”雷莎太太说。

阿洛说：“我相信，总有一天，您等待的信会来的。”

雷莎太太笑了笑，笑得很开心，然后说：“是的，孩子，我也相信。”

阿旺觉得今天雷莎太太显得特别轻松，她从来没有这样轻松过。

阿旺赶快回家，对汤太太说：“如果雷莎太太是女巫就好了，我听说，女巫是不会生病的。可是，雷莎太太病了，病得很重。”

“我们应该去照顾她。”汤太太说。

但是，汤先生说：“雷莎太太喜欢一个人，她不喜欢有别的任何人打扰她。”

“那我们怎样照顾她？”汤太太有些着急。

“照顾她的最好办法就是不打扰她。阿旺，如果有什么需要我们帮助的，你一定要及时回家告诉我们。”汤先生说。

接着，汤先生和汤太太开始谈论他们的邻居。

“这些年来，她从来没有麻烦过我们。她是一个多么好的老太太啊。”

“是啊，我一直都认为她怪，其实，她只是喜欢独处而已。”

“他们家那只小老鼠班尼总是吵她，可是她从来都没有怪他。如果那只老鼠敢到我家里来，我保证捉住他。"

汤先生和汤太太在餐桌旁回忆着雷莎太太，他们一直说到月亮爬上屋顶才睡觉。

早晨，雨街不下雨，一缕淡淡的阳光斜斜地照射到雷莎太太的摇椅上。雷莎太太在摇椅上度过了一夜。

她对黑猫阿洛说："我要走了，离开雨街到一个很遥远的地方去。"

阿洛说："你去哪里，我也去哪里。"自从遇到雷莎太太，她再也不愿意离开雷莎太太了。

"不，你还小，我走了以后，希望你能好好过日子。"

"我会好好过日子的。"阿洛回答。

"要知道，过好一辈子并不容易。人这一辈子啊，有很多简单的愿望不一定能实现，许多简单的事情也不一定可以做好。"雷莎太太说。

"我知道，你一辈子一直在等待着一封信。"阿洛说。

"是的，你是个聪明的孩子。"雷莎太太说。

关于雷莎太太的往事，阿洛从来不问，他知道雷莎太太是不愿意说太多的。

"我一直在等待一封来自大海的信。"雷莎太太说这些话的时候，眼睛里闪着一些眼泪。

大海？阿洛第一次听说雷莎太太的故事和大海有关，雷莎太太的这个等待啊，在遥远的大海上漂泊了多少年啊。

雷莎低下头，用披肩的一个角擦了擦眼泪，然后继续说："他是一位船长，很优秀的船长，我收到了他八十封信，可是，那第八十一封信一直都没有来。"

阿洛常常看见雷莎太太到楼上独自看一些信件，原来那些信件都是来自大海的啊。

阿洛不知道怎样来安慰雷莎太太，他唯一能做的就是当听众。

"你知道吗？等待一封信有多难？"雷莎太太说。

阿洛不知道，他没有等待过信。

雷莎太太继续说："你不需要知道，我走了，这个等待也就结束了。"

"如果你愿意，你仍然住在这里，这个老房子是我唯一可以留给你的东西。"雷莎太太说。

阿洛不想再去流浪，阿洛早就把这个地方当成了自己的家。但是，一只猫单独住在这样的一个楼上？阿洛从来都没有这样想过。

"是的，孩子，以后，你就是这幢老楼的主人了。"雷莎太太说。

她把一串钥匙交给阿洛，放到阿洛毛茸茸的手上。

雷莎太太说："请照顾好这幢老楼，帮它擦擦窗户，不要让蜘蛛网爬满阁楼。"

雷莎太太的声音很低，但是阿洛都听见了，他认认真真地点了点头。

雷莎太太微笑了一下，在雨街摇曳的阳光中，雷莎太太的脸显得很干净，她慢慢地闭上了眼睛。

阿洛一直呆呆地坐在那里，前爪撑着地，头抬着，他一直保持着这个姿势，直到阿旺来叫他。

"雷莎太太睡着了。"他转动猫头对汤先生一家说。

"不，雷莎太太已经离开我们了。"汤太太对阿洛说。

阿洛成了老楼唯一的主人。

这天下午四点十分，雨街下起了雨。

就像邻居汤先生说的那样：下午四点十分，我们在街边的花坛边，再也看不见那位带着花雨伞的老婆婆了。

14

夜晚，小老鼠班尼敲着地板和阿洛告别，因为老鼠是不能住在一只猫的家里的，他要去流浪或者去乡下。这是阿洛见老鼠班尼的第一面，也是最后一面。

夜晚，雨街的月亮很圆很圆，朦朦胧胧的。

阿洛独自睡在摇椅上，他黑色的毛在月亮光下面有些发亮，他把尾巴盘在身体周围，像一个黑色的圆球。

"笃笃笃……"，一阵敲击的声音把阿洛吵醒了。

阿洛去开门，门外什么也没有。

阿洛又去开窗，窗外也是什么也没有。

是谁？谁在敲门？这样的夜晚有谁会来拜访一只猫？

"是我，我是班尼，我住在你的地板下面。"班尼的声音尖尖的、细细的。

啊，是雷莎太太说过的那只老鼠，这些时候，他一直没有发出任何动静，阿洛几乎忘了，在这幢老楼里，其实还住着一只老鼠。

阿洛说："上来吧，你找我有什么事情？"

班尼说："如果你答应不吃我，我就上来见你。"

"雷莎太太不让我吃掉你，你放心出来吧。"阿洛说。

"好的，我正在搬梯子。"

过一会儿，班尼用他的小爪子搬开一块地板，这块地板居然是活动的，阿洛一直都没有发现啊，阿洛向地板下望了望。

班尼的梯子是用小树枝扎的，摇摇晃晃的。班尼攀着梯子走上了地板。

月光下的班尼显得很小，他是一只大耳朵的灰老鼠，穿着背带裤，戴着鸭舌帽，很灵活的样子。

"啊，你就是老鼠班尼。"黑猫阿洛说。

"是的，我在这幢老楼上住了很多年了，本来我是不想搬家的，但是作为一只老鼠，不应该住在一只猫的家里。"班尼说话的时候，露出白而尖的牙。

这倒是啊，没有谁愿意提心吊胆过日子的，哪怕是老鼠。

"你现在就要走吗？"阿洛已经留意班尼的身后拖着一只黑色的小皮箱，是那种带轮子的皮箱。

那轮子是两颗玻璃球做的，而那两颗玻璃球是阿旺带来玩的时候，滚到地板下去的。

"本来我是不用向你辞行的，但是，你是雷莎太太的猫，要知道雷莎太太是多么好的老太太啊。"小老鼠班尼说。

"是的，我很高兴你这样说。"阿洛说。

"我很抱歉，我曾经咬断了桌子的一条腿。"班尼望着三条腿的桌子说。

"是的，你还吃过雷莎太太的面包，不过，雷莎太太从来没有怪过你。"阿洛说。

"是的。"小老鼠班尼有些不好意思，"雷莎太太每次总是说：'我知道，我知道就是小老鼠班尼，他的牙痒痒了。'听了这句话，我发誓再也不会咬断第二条桌子腿了。"

"是吗？你没有咬第二条桌子腿，你接着咬了椅子腿。"阿洛说。

"真的对不起，不过我没有咬第二条椅子腿。"小老鼠班尼说。

"是的，你没有。"阿洛说。

所以，小老鼠班尼认为自己还算是一只有良心的老鼠。

"再见，老楼房，一只小老鼠曾经也住过这里。"小老鼠班尼说完就拖着他的小皮箱出门。

"你去哪里？"阿洛突然问。

"不知道，我想也许我会流浪，也许会去乡下看看我的亲戚田鼠，他的家在金黄的油菜花地里，他有香甜的菜花蜂蜜。"班尼说。

"金黄的油菜花？你在那里会遇到乡下的猫的，也许是一只名字叫作白云的猫，如果你遇到她，请你告诉她，雷莎太太家的猫很想念她。"

阿洛突然就非常想那只白猫，她有着洁白的毛，她充满了活力。可是，她像一朵云一样飘走了。

"你怎么和人一样啊？我们老鼠之间就不想念，我们只想念食物，城里老鼠只想念乡下老鼠的土豆和马铃薯，而乡下老鼠只想念城里老鼠的奶酪和棒棒糖。"

阿洛注意到班尼把土豆和马铃薯当成了两种不同的食物，但不想纠正他。

他在想：如果像老鼠那样，只想念食物就好了。

也不知道从哪天开始，阿洛开始学会想念了，想念雷莎太太，想念那只油菜地里的白猫。

班尼出门的时候，阿洛对他说："你出去的时候替我把门带上，小心夹住尾巴。"

班尼就这样走了，他拖着皮箱的声音越来越远了。

阿洛竟然有些难过，他对自己说："一只猫舍不得一只老鼠离开，真是有些好笑。"

他来到窗口，看见小老鼠班尼在电线杆下面停了下来，回头望望楼上的窗口，许久才离开。

这是阿洛见小老鼠班尼的第一面，也是最后一面。

15

《狗眼看人》刊登了黑猫的照片，很多人想来收养黑猫，在想要收养阿洛的人群中，阿洛遇见了当初抛弃他的胖女人。黑猫坚持要独自生活。

早晨，一束温柔的阳光照射进窗户，空气中还带着一些水汽，那些漂浮在阳光和水汽中的尘埃，旋转着，懒散地碰上晃动的摇椅，才落下了地。

自从老鼠班尼走了以后，黑猫阿洛更加感到自己是孤独的，他开始想念花坛边的青砖地了。

他还听见孩子们又在那里玩跳房子的游戏。他想念起和阿旺在美人蕉下面读报的情景。

阿洛走出屋外，在门口的台阶上，他看见一叠报纸，整整齐齐地放在那里，他才想起自己已经有很多天没有出门了。

啊，报上刊登了自己的照片，照片旁边写着：一只自己照顾自己的猫。

在那个"牛头不对马嘴"的栏目中，牛和马展开了激烈的讨论：

牛说：像猫、狗、鸡、鸭都是人类的好朋友，人类把他们叫作家畜和家禽，最好的生活方式就是和人类在一起。

马说：虽然是人类的好朋友，但是也不必依靠人类生存，动物也应该学会独立生活。像那些野生动物，他们都在大自然中自由自在地生活着。

牛说：如果生活在人类的环境里，而离开人类的帮助，一只猫能生存吗？

关于这个问题，汤先生一家也正在讨论着。

汤太太说："我们来照顾阿洛吧。"

阿旺也觉得这样很好，汤太太是一个很好的主人，既然可以照顾好一只狗，一定也能照顾好一只猫。

但是，汤先生说："阿洛不需要主人，他只需要朋友。雷莎太太从来也没有把他当成自己的宠物。"

很多的人看了报纸都想来帮助这只猫。他们向牛主持和马主持打听有关阿洛的消息。

牛主持和马主持商量起来。

牛主持说："这只叫阿洛的黑猫引起了人类的广泛关注，我们应该继续把这个节目做下去。"

马主持说："对呀，我觉得我们要利用这个机会，开一次招聘会。"

牛主持说："哦，什么招聘会？"

马主持说："这还用说吗？当然是阿洛招聘主人的招聘会了。"

牛主持说："好啊，马兄，真有你的。"

马主持听了很高兴，说："接着就看牛兄你的了。"

牛主持和马主持合作得非常愉快，越说越有共同语言。他们在报上是一对永远说不到一块儿的对头，在生活中可是有说有笑的好朋友哦。

"事不宜迟。"牛主持说。

"说干就干。"马主持说。

他们一起来找阿洛商量，阿洛说自己不需要主人，但是可以考虑有一位朋友，就像当时雷莎太太把他带回家一样。

牛主持说："是啊，一直以来都是人类挑选动物，现在动物也可以挑选人了。"

马主持反倒有了一点点儿的担忧，他说："不知道有没有人愿意被猫来挑选。"

事实证明，马主持的担忧是多余的。

这个消息一传开，很多人都来到了老楼前面，他们带着很好的鱼罐头、猫玩具、猫的溜冰鞋、猫的风铃……排着很长的队，等在老楼前面。

用阿旺的话说，简直不可思议。

他们在老楼前议论纷纷：

"这楼虽然很老了，但是仍然很不错啊。"

"是啊，一只猫住着，真是太浪费了，他需一位主人和他一起住的啊。"

这时，黑猫看见了一个胖胖的女人，她在人群中挤着。

"啊，阿旺。"阿洛说，"你知道吗？有的时候，事情真的是出乎意料。那个胖胖的女人就是当初丢掉我的主人。"

阿旺看见那个胖胖的女人很焦急地挤了上来。

胖女人早已认不出黑猫了，她对黑猫说："让我照顾你吧，我家的白猫刚刚去世，我很伤心，真的，我是真心喜欢猫的人。"

阿洛看也不想看她，但是她说的话阿洛已经听到了，也就是说，阿洛刚刚知道自己的妈妈也已经离开人间了。

阿洛像雕像一样坐在那里，他的心里充满了悲伤。

终于有一个人说："啊，这只猫需要的不是主人啊，他需要安静。"

"是啊，我们这样吵吵闹闹的，真不好，我们让他安静一些吧。"

人群渐渐散去，招聘会结束了。

马主持和牛主持最后有些失望，因为大部分人都认为这次招聘会是多余的。

真的，阿洛没有在吵闹的人群中找到自己的朋友。

他独自去屋后，他要采一些白色和紫色的雏菊，插在他的餐桌上。

等他抬起头的时候，他看见了汤先生和汤太太以及阿旺，他们都拿着一朵小小的雏菊，站在阿洛的面前。

阿洛觉得自己的鼻子酸酸的，他想去告诉马主持和牛主持，朋友不是有意找来的，也许朋友本来就在你的身边。

16

汤太太要到雾街去照顾姨妈，汤先生高兴极
了。阿旺也要跟随汤太太去雾街，他想让阿洛一
起去有趣的雾街，但是，阿洛不愿意离开老楼，
真正孤独的生活开始了。

有一天，汤太太接到了一封信，这是一封来自雾街的
信，汤太太的姨妈独自在雾街生活着，她病了。

汤太太的姨妈在信中说：请带着你的玫瑰来看我，如
果我还活着，就把玫瑰插在我的花瓶里；如果我已经死了，
就把花瓣撒在泥土里。

汤太太一边哭一边剪着她自己种的玫瑰，手指被刺了
好几下。

汤先生回家的时候，汤太太整理好了皮箱，手里捧着
一束玫瑰。

"亲爱的，你这是做什么？"汤先生吓了一跳。汤太
太当初嫁给汤先生就带着一只箱子和一束玫瑰。

汤太太说："我要去雾街。姨妈，可怜的老姨妈病了，
病得很严重。"

"你的姨妈每次都是病得很严重，但是，到现在还是
好好的。"汤先生说。

汤太太焦急地说："可这回是真的了，她没有力气开
玩笑了，你看，她的信写得这样短。"

这信真的是够短了。汤太太的姨妈原来写信一写就是二十页或者三十页的。

"好吧，你去吧。"汤先生显得很无可奈何。

"可是，我走了，谁来照顾你啊。"汤太太突然又为难起来。

"我自己照顾自己啊，快去吧。对了，带上狗狗阿旺。"汤先生赶快说。

汤太太又说："是啊，差点忘了，我必须带狗狗阿旺去，否则我是会迷路的。"

真的，雾街是一个有很多雾的地方，街上的行人相互之间很容易撞上的，不过，雾街的人不会生气。那里的人们像生活在梦境里一样。在那里，人们很容易迷路，每一个人出门最好带着导航犬或者导航鸟。

导航犬是靠嗅觉来辨别方向的。

导航鸟是靠挂在树枝上的彩色气球来认路的，如果没有那些彩色气球，即使是鸟也会辨认不清飞行的方向。

而这些彩色气球正是雾巫婆在各个路口做的标记。

汤太太需要阿旺做导航犬。

汤先生说："阿旺会成为很出色的导航犬的。"

"可是，阿旺走了，谁去陪阿洛啊。"汤太太说。

"我啊，我会去看他的。"汤先生说。

"好吧。"汤太太只能这样决定了。

阿旺很不满意这样的决定。他忧伤地走到阿洛家，对阿洛说："我希望你能跟我一起去雾街。"

"不，我要在这里替雷莎太太等信的。"阿洛摇摇头。

"可是，我会去很长时间，汤太太要去雾街照顾她的老姨妈。"

"去吧，好好带路，这是你新的工作。"阿洛说，"代我向雾街的胖猫问好。"

汤先生把汤太太送走的时候，很高兴地对阿洛说："我自由了，知道吗？我自由了。"

阿洛望着阿旺远去的身影，直到看不见阿旺摇动的狗尾巴，汤先生的话他一句也没有听见。

汤先生自言自语地说："哦，她一点儿也不理解我，对于我来说，独自生活的机会是多么难得啊。"

汤先生和阿洛各自独自说话，独自吃饭。

汤先生有时候去阿旺家里，他说："哎呀，一个人生活是多么好啊，想不吃饭就不吃饭。"

阿洛不说话，因为他想起和雷莎太太一起吃饭的日子，他总是吃鱼尾巴，而雷莎太太总是吃鱼头。

阿洛独自洗澡，和刚刚到雷莎太太家的时候一样，他常常让肥皂泡飘进厨房，最后飘到烟囱外面去。

夜晚他独自睡觉，当他打呼噜的时候，刚好会有肥皂泡飞过，被他嘴里喷出的气吹得一飘一飘的，那样子就像杂技团顶着球的海狮。

17

阿洛看见了窗台上的小壁虎，他正不慌不忙地寻找自己的尾巴，小壁虎告诉阿洛，他是雷莎太太的壁虎，听着雨声，他就能感觉到雷莎太太的存在。

屋子里的家具还是照旧摆放着，屋子中间的摇椅还在晃着。阿洛站在窗外，修剪爬山虎的枝叶，爬山虎已经开始落叶，小小的吸盘像一只只伸出的小手，紧紧地爬在窗台上。

窗外孩子们的游戏还没有进行，男孩正在邀请一个新搬来的女孩玩踢房子游戏，真的，这个女孩阿洛以前没有见过。

男孩说："我的青砖很了不起的，会变成青蛙。"

女孩说："你不用哄我，我不想和你玩。"

男孩说："真的，我看着青砖变过的。"

女孩说："那你再给我变变。"

男孩说："我不会变。"

女孩说："就算你会变也没有什么了不起。"

男孩没有办法了，握着那块砖站在那里。

"好吧，我和你一起玩。"那女孩突然就这样说。

男孩嘿嘿笑了。

于是他们就开始玩了，他们提着一条腿踢那块青砖。

　　阿洛看得很有趣，正在这时，他看见了一条小壁虎，小壁虎的身体紧紧地贴着窗台。

　　这条小壁虎，阿洛曾经看见过一次。

　　"我看见过你，在雷莎太太的帽子上。咦，你的尾巴呢？"阿洛记得这条壁虎有着很长很长的尾巴。

　　"我正在找我的尾巴。"小壁虎说，"从昨天开始，我丢了我的尾巴。"听起来，这真是一条粗心的壁虎。

　　"你的尾巴很重要吗？"黑猫阿洛问。

　　"很重要，也不重要。"小壁虎说。

　　"哦？"阿洛有些听不懂小壁虎的话，他觉得这只小壁虎奇奇怪怪的。

　　小壁虎看出阿洛满脸都写着"弄不懂"三个字。

　　"我的尾巴可以救我的性命，如果遇到敌人，我可以把尾巴脱下来，让敌人去追我的尾巴，我就乘机逃走了。"

　　"那真的很重要。"阿洛说。

　　"但是，丢了也没有关系，过些时候，我的尾巴还会重新长出来的。"小壁虎说。

　　这样啊？这倒是阿洛没有想到的。什么东西丢了还可以重新长出来，真的是太好了，有一些东西失去了是再也找不回来的。

　　"你住在屋子的里面还是外面。"阿洛问，他以前从来也没有注意过家里还有一只小壁虎。

　　"当然是住在外面，我喜欢听雨声。还有，这些爬山虎长得很疯狂，我看着他们，不让他们遮住这扇窗户，有时候，我还负责抓蚊子。"

啊，这真是一只与众不同的壁虎。阿洛开始重新看他。

他灰灰的身体因为没有了尾巴显得有些肥胖，他的眼睛很小很小，看不见他的耳朵。

"你一直都住在这里？"阿洛问。

"我年轻的时候住在雷莎太太的帽子上，后来就住在这里了，很多很多年了。"

小壁虎其实已经不年轻了，但是你是无法看出一只壁虎的年龄的，即使长上一千年，壁虎永远都是小的，不可能长成恐龙那么大。

"为什么我一直都没有感觉有你住在一起呢？你怎么不和雷莎太太说说话呢？"阿洛问，他觉得很奇怪。

"我们不用交谈，当雷莎太太看着窗口的时候，就能感觉到我的存在。"壁虎说。

"那你呢？你不孤独吗？"阿洛问。

"不孤独，我听雨声就能感觉到雷莎太太的存在。"

"可是现在雷莎太太已经不在了，你还听雨声吗？"阿洛问。

"听，当然还听，和以前一样。"

阿洛觉得小壁虎说得有道理。雨街啊，是一个连雨都会说话的地方。

18

小壁虎告诉阿洛，雷莎太太就是雨街的雨巫婆，这时候，门铃响起来，汤先生来了，他带阿洛和小壁虎去看一只可笑的小蜗牛，并给蜗牛留了言。

一连好几天，阿洛一直坐在窗口，他也在听雨，并回想着雷莎太太的脸。

"我不想忘记雷莎太太的脸。"他对小壁虎说。

但是，雷莎的脸在他心里已经变得越来越模糊。

"听说人的记忆比猫要好，雷莎太太一定记得船长的脸。"阿洛说。

"雷莎太太不是普通的人。"小壁虎说，"也许没有人知道，也许那个汤先生知道，她就是雨街的雨巫婆。"

"是吗？"尽管阿洛一直都这样想，但是听说雷莎太太就是雨巫婆还是有些吃惊。

"汤太太为什么不知道？"阿洛问。

"汤太太是从别处嫁过来的，汤先生不愿意在任何人面前说她的邻居是个女巫，包括他的太太。他怕人们来打扰雷莎太太的生活。"

"汤先生是这条街有名的地理教师，他熟悉这里的一切。"

这时候，门铃响了。

"如果你不介意我见你的客人，就开门。要不，我可以从窗户外面走，我有小梯子可以走下去的。"壁虎说。

"不，我不介意。"阿洛去开门。

门口站着的是汤先生。

"对不起，小壁虎在你这里吗？"汤先生问，原来他是来找小壁虎的。

"哦，原来是你。"小壁虎说："你找到我的尾巴了？"

"是的，我找到了，但是我没有把尾巴拿来，你自己去拿吧。"汤先生对寻找东西很感兴趣，尤其是他的太太不在家的时候。

"阿洛一起去吗？"汤先生问。

阿洛马上就答应了。

他们一起下楼，绕过花坛，走过一排篱笆，篱笆上面爬着一株紫色的喇叭花，夜晚的喇叭花开得很大很鲜艳。

在喇叭花下面，阿洛看见了一间绿色的小房子，房子里亮着一盏淡淡的紫色的喇叭花灯，灯光下有一只几乎透明的小蜗牛。

小蜗牛正在欣赏小壁虎的尾巴。

"别人都说，牛是高大的动物，而我们蜗牛太小太小，居然也称作'牛'。可是我看牛也不怎么大啊。"

说完，小蜗牛拿出一把狭长的小草尺子，量了量尾巴，说："牛的尾巴五厘米，按照比例，牛的身高最多也是十至十二厘米。"

小壁虎说："可怜的小蜗牛，她把我的尾巴当成牛尾巴了。"

汤先生说："是啊，蜗牛一直住在壳里，外面的事物好像不怎么看得见啊。"

小壁虎说："算了，这尾巴我也不要了，但最好告诉她真相。"

汤先生说，他不想打扰这只小蜗牛，他要给小蜗牛写一个留言。小壁虎和阿洛就等汤先生写。

下面是汤先生的留言：

亲爱的茉莉小姐：

你所得到的不是一条牛的尾巴，那只是一只壁虎的尾巴。小壁虎不打算要回那条尾巴了，因为他还能重新长一条新的尾巴，你留着好好研究吧。

> 雨街的小壁虎、
> 汤先生和黑猫阿洛

哦，原来，汤先生连小蜗牛的名字也知道。

小壁虎看了看，说，不行不行，他还要在后面注明：

小壁虎不是老虎，是一种吃小虫的小动物。

如果不做这样的说明，小蜗牛茉莉也许会说：瞧，原来老虎身高也就十厘米。

小壁虎和汤先生这样说着写着的时候，阿洛想：这个汤先生好像知道雨街的每一个角落、每一个故事。

"你知道这里的一切？"阿洛问。

"我知道一些，比别人知道得多一些。"汤先生回答着。"问吧，孩子，我愿意回答你的问题。"

"好的，雷莎太太以前是一个雨巫婆吗？"

汤先生说："我知道你迟早要问这个问题。那是很久很久以前的事情了，但是，在后来的很长很长时间里，雷莎太太只是一个普普通通的女人，普通得也会生病。要知道，女巫是从不生病的，女巫也不会慢慢死去，女巫只会突然消失。"

最后，汤先生又想起来说："而且女巫也没有姓雷的。"

所以，关于雷莎太太的一切先要从她的名字说起。

第四章　雨巫婆的传说是一个真实的故事

19

雷莎原来是一条船的名字，船长的名字叫作雷特，有一天，雷特的船停在了雨街，雷特站在船头拉他的小提琴，雨巫婆经过这里，她决定不再做女巫了。

所有关于女巫的故事，都发生在很久很久以前。

风巫婆、雨巫婆、阳光巫婆、雾巫婆都生活在这一带。其中雨巫婆和雾巫婆是很善良的女巫，而风巫婆和阳光巫婆就喜欢恶作剧。

风巫婆住在风车旁边的小屋里，阳光巫婆住在山顶的岩石里，雾巫婆就住在雾街的公寓里，而雨巫婆就是雷莎太太，她一直就住在雨街的树顶上。

她们骑着扫帚在黑夜里飞来飞去。

有一天，风巫婆把一条船吹到了雨街附近。是的，这完全就是风巫婆干的，风巫婆就是喜欢捣蛋。

那条船有一个名字，叫作雷莎。

啊？雷莎？雷莎太太的名字是船的名字？

那条叫作雷莎的船停泊在雨街附近的港口，有很多的桅杆，还有一张大大的帆，甲板显得很空旷，船舱有些陈旧，在船舱上有一些模糊的字——雷莎1号。

这些模糊的字，一点儿也不影响这条船的魅力，表示这是一条到过许多港口的船，表示这条船经历过风风雨雨，在雨中，显得有些忧伤，也很坚强。

船上站着一位非常年轻英俊的小伙子，他的鼻子很挺，身体很强壮，就像那尊叫作"大伟"的雕像。

他是这条船的船长，名叫雷特。

雷特站在船的甲板上拉他的小提琴，琴声很悠扬，一直飘进雨巫婆的耳朵里。

雨巫婆因为冤枉了烟囱魔鬼，心里总像堵着一块石头，琴声让她觉得愉快。

"我从来没有听过这样美妙的音乐。"雨巫婆说。

"那当然，人类因为拥有了音乐才变得美好。"雾巫婆说。

"我讨厌四处飘荡的东西，人类因为拥有了音乐还有像音乐一样四处飘荡着的东西，人类才变得愚蠢。"风巫婆说。其实，她就是制造飘荡的人，但是，她从来都不认为飘动的东西是美的。

"可是，我喜欢音乐。"雨巫婆说。

"音乐，能吃吗？我喜欢烤大饼。"阳光巫婆说，她常常要做的事情就是烤熟东西。

"不，我们已经拥有了法术，就不再拥有音乐了。"雾巫婆说。

可是，雨巫婆还是站在了船长面前。雨巫婆带着她粉红色花纹的雨伞来见船长。她是多么年轻啊，棕色的头发，耳朵边插着一朵白色的百合，绿色的长裙，骑着一把金黄色的扫帚，身体轻盈得像一个绿色的音符。

"你好，船长。"雨巫婆向英俊的船长打招呼。

"你好，可爱的小女巫。"船长也和她招呼，他非常喜欢这个像绿色音符一样的女巫。

"我可以坐在你身边听音乐吗？"雨巫婆问。

"可以，我叫雷特，希望有人可以听懂我的音乐。"雷特说。

"难道别人听不懂你的音乐吗？"雨巫婆觉得很奇怪。

"当然，我是快乐的船长，但我也是孤独的小提琴演奏家。"雷特说。

雷特的小提琴是一把棕色的、古老的琴，用它演奏的音乐是古老的遥远的音乐。当音乐在蓝色的大海上空响起的时候，雨巫婆好像看到了古老的森林里，大雪覆盖着橡树，熊在打鼾，巫婆踩着雪橇去参加宴会，她们的猫都穿着皮靴，走路很神气。

雷特的音乐结束的时候，雨巫婆的雨伞已经收起来，扫帚也丢在了一边，雨巫婆激动得流泪。

"巫婆是不流泪的。"雷特说，他帮雨巫婆撩起海风吹到脸上的长发。

雷特很激动，他说："我走了很多地方，只有你懂得我的音乐。你可以跟我走吗？"

"当然，但我还需要做一些准备。"雨巫婆接受了这个邀请。

"好的，我也顺便把需要完成的任务完成，我先去我的目的地，回来的时候，我一定会来接你。"雷特说。

"好的，我会把扫帚留下，只带着我的衣服和帽子跟你走。"雨巫婆说。她的心里充满了快乐。

风巫婆在黑色的夜空中飞过，她举着白色的风车，说："我第一次干了一件蠢事，居然把这样的一条船带到了雨街。"

20

雨巫婆有了一个人类的名字，她放弃了女巫所有的财富，离开了她树顶的家，住到雨街的一幢小楼里。在那里她等待着一封又一封的来信。

雷特的船经过修理和休息之后，又要重新驶向大海。

"在我到来之前，我会给你写信，告诉我你的名字。"雷特说。

"我没有名字。"雨巫婆就知道自己叫雨巫婆。

"怎么可以没有名字呢？就算是美人鱼也应该有自己的名字啊？"雷特说。

雨巫婆想：真的啊，没有名字多不方便啊，就连这条船都有自己的名字。

"那么，我能叫雷莎吗？"雨巫婆问。

"太好了，我喜欢雷莎这个名字，我和我的船雷莎在一起，从来也没有分开过。"

雨巫婆很高兴，她告诉雨街所有的人和她认识的所有的巫婆，她有了一个人类的名字，她叫雷莎。

"这真是奇怪的事情，雨巫婆干吗要叫一条船的名字，还不如叫烙饼、果酱或者奶油。"阳光巫婆说着这些话的时候正在往她的烙饼上涂果酱、加奶油。

"你这是想做什么？"雾巫婆很担心雨巫婆。

"告诉你，我不想做女巫了，我要做一个人，一个善良的人。"雨巫婆说。

"你傻了吗？你会因此失去魔法，你要承受贫穷、孤独和寂寞，你会像所有的人一样生病、死亡。"雾巫婆说。

"尤其是你不能淋雨，知道吗？"阳光巫婆说。

"我知道，我会整天带伞的。"雨巫婆一点儿也不害怕。

一切都已经无可挽回了。雨巫婆的决定很快就变成了事实。

她不再住在树顶的小屋里，她不再骑着扫帚飞来飞去。她放弃了女巫所有的财富，包括扫帚、猫、壁虎。

她住在雨街花坛边的一幢小楼里，只带了随身的衣服和那把伞。

她的小壁虎，那只住在帽子上的小壁虎，因为不愿意离开她而离开了自己心爱的帽子，偷偷地跟着她来了。

"我说过，我只带自己的衣服和雨伞。"雷莎责怪小壁虎。

"好的，我会离开你。"小壁虎知道雷莎不愿意带着能证明她是女巫的一切东西。

壁虎就这样住在雷莎的屋子外面，从来也不和雷莎说话。

雷莎开始天天等待着远方的来信。邮递员每天都要绕到雷莎的老楼前面来送信，信封上写着：雷莎小姐收。

每天下午四点十分，雷莎带着她的小花伞，到楼下的花坛边等她的信，花坛边的青石板上长着一些小草，雷莎很喜欢看着这些小草。她看着小草由青变成黄，再从黄变成枯萎，第二年春天，小草又会重新生长，发出新的嫩芽。

她读着雷特的信，想着很远很远的大海里，雷特的船在风雨中航行，大海一望无际，海水深蓝，一个接着一个的海浪扑向"雷莎1号"，雷特站在船头拉他的小提琴，琴声很急促，只有远处鲸鱼安稳地喷着水柱，在巨大的大海里，"雷莎1号"显得很弱小，远没有鲸鱼的那份自在。

雷莎感到不安。

她开始订阅报纸，"我想订一张《环球日报》。"她对邮递员说。

"《环球日报》？没有。"邮递员说。

"那就订一份《航海日报》。"雷莎说。

"也没有，我们有《气象日报》，你要吗？"邮递员说。

雷莎很失望，对于雨街、雾街、风街和太阳街，每天多少温度，多少降雨量，多少风力，能见度这些才是最主要的。

而雷莎对于眼前的一切都不关心，她的心已经飞得很远很远。她变得越来越沉默，越来越喜欢独处。

有时候，独自生活是一种孤独；有时候，独自生活是一种简单。雷莎的生活已经简单到只有思念。

21

阿洛在雷莎太太的阁楼上找到了一些信，其

中包括船长雷特写给雷莎的第八十封信。阿洛被信感动得流下了眼泪。汤先生讲完这个故事的时候，显得很疲倦了。

"对了，我太太和阿旺昨天打电话回来了，他们在雾街很牵挂你，阿旺去看了胖猫，胖猫快乐得像公主。"说完这些，汤先生的哈欠接二连三地来了。

小壁虎也说要走了，"昨天夜里，我抓到了一只蚊子，是一只花肚子的蚊子，很可恶的家伙，但是又让他逃跑了。我还想继续去抓他。"

"好吧，祝你成功。"阿洛说。

小壁虎爬进了碧绿的爬山虎叶子中间，一会儿又转回来说了一句话："知道吗？抓蚊子是我最大的快乐。"这才真正离去。

在小壁虎的生活中，找尾巴、抓蚊子是主要的事情，那么我该做些什么呢？阿洛突然这样想。

也许我应该先整理整理屋子。

当他重新看这个小楼的时候，他觉得这个小楼隐藏着很多的秘密。

他继续被雷莎太太和船长的故事感动着，他开始整理雷莎太太的东西。雷莎太太有一个很古老的皮箱，用铜锁锁着。

阿洛拿出雷莎太太交给他的钥匙。这是一串奇怪的钥匙，最大的钥匙是红色的，上面标着："雷莎1号"，接着就是黄色的钥匙，标着："雷莎2号"，接着分别是紫色、粉色的钥匙，最后，有一个小小的钥匙，是蓝色的，上面标着"雷特"两个字。

阿洛用最大的钥匙试了试大门，接着试第二道门，客厅的门，接着就是房间门……越往里面，钥匙也越小，最后，阿洛用小小的蓝钥匙，那个叫作雷特的钥匙，那个像大海一样的蓝钥匙，去开皮箱。

皮箱打开了，里面放着整整齐齐的信件。

上面有一张给阿洛的留言条：

阿洛：

当你打开这个箱子的时候，你就知道了我所有的故事，有你在，我和雷特先生的故事就没有结束。

我从来没有为做一个真正的人而后悔过。

爱你的雷莎

下面是一封交给烟囱魔鬼的信。

烟囱魔鬼：

上次见了你的面以后我就病倒了，因为我是不能淋雨的，而那天我淋了雨。你也许不知道，因为对你做了错事，我才知道拥有巫术不是什么好事，我一直很不安。后来我遇到了船长雷特先生，他的音乐终于让我放弃了巫婆的身份，我决定做一个人。

我马上就要死了，人能够活这样久已经是很不容易了，所以我一点儿也不难过。我想请求你的原谅，如果你能原谅我，请你对猫好一些。

雨巫婆雷莎

下面的信全都标着数字，最上面的一封标着八十，表明一共有八十封信。这些信的信封已经泛黄，散发着大海的气息，信封左下方印着一个锚的图形。

阿洛打开第八十封信，信笺里夹着一张爬山虎叶书签，树叶书签还没有完全变黄，看得出来，这封信不久前还被打开读过。

信上的字很漂亮，大概是用鹅毛笔写的。

亲爱的雷莎：

当我写完这封信的时候，我就要起锚了，这次起锚先经过一个小岛，然后目的地就是雨街，知道吗？我终于等到了这一天。我喜欢雨街的雨，他能带给我灵感，我写了很多关于雨街的乐曲，我先把乐谱寄给你，我会在见到你的时候演奏给你听。

最近海上的风浪太大，现在还很难估计准确的到达时间，但是不管风浪多大，我都要开船了，我想早些见你。

我会在上小岛的时候再给你写信，告诉你我具体到达的时间。

盼望见你的雷特

读完这封信的时候，阿洛的眼睛里满是泪水。

这些乐谱和信件记录了雷莎太太和雷特船长所有的故事，雷莎太太读了整整一生，阿洛读了整整一夜。

他在想雾巫婆和风巫婆的话，雾巫婆说："人类因为拥有了音乐才变得美好。"风巫婆说："人类因为拥有了音乐还有像音乐一样四处飘荡着的东西，才变得愚蠢。"

她们究竟谁说得更加有道理啊？

课本里的作家

序 号	作 家	作 品	年 级
1	金 波	金波经典美文：第一辑 树与喜鹊	一年级
2	金 波	金波经典美文：第二辑 阳光	
3	金 波	金波经典美文：第三辑 雨点儿	
4	金 波	金波经典美文：第四辑 一起长大的玩具	
5	夏辇生	雷宝宝敲天鼓	
6	夏辇生	妈妈，我爱您	
7	叶圣陶	小小的船	
8	张秋生	来自大自然的歌	
9	薛卫民	有鸟窝的树	
10	樊发稼	说话	
11	圣 野	太阳公公，你早！	
12	程宏明	比尾巴	
13	柯 岩	春天的消息	
14	窦 植	香水姑娘	
15	胡木仁	会走的鸟窝	
16	胡木仁	小鸟的家	
17	胡木仁	绿色娃娃	
18	金 波	金波经典童话：沙滩上的童话	二年级
19	高洪波	高洪波诗歌：彩色的梦	
20	冰 波	孤独的小螃蟹	
21	冰 波	企鹅寄冰·大象的耳朵	
22	张秋生	妈妈睡了·称赞	
23	孙幼军	小柳树和小枣树	
24	吴 然	吴然精选集：五彩路	三年级
25	叶圣陶	荷花·爬山虎的脚	
26	张秋生	铺满金色巴掌的水泥道	
27	王一梅	书本里的蚂蚁	
28	张继楼	童年七彩水墨画	

序 号	作 家	作 品	年 级
29	张之路	影子	三年级
30	曹文轩	曹文轩经典小说：芦花鞋	四年级
31	高洪波	高洪波精选集：陀螺	
32	吴 然	吴然精选集：珍珠雨	
33	叶君健	海的女儿	
34	茅 盾	天窗	
35	梁晓声	慈母情深	五年级
36	陈慧瑛	美丽的足迹	
37	丰子恺	沙坪小屋的鹅	
38	郭沫若	向着乐园前进	
39	叶文玲	我的"长生果"	
40	金 波	金波诗歌：我们去看海	六年级
41	肖复兴	肖复兴精选集：阳光的两种用法	
42	臧克家	有的人——臧克家诗歌精粹	
43	梁 衡	遥远的美丽	
44	臧克家	说和做——臧克家散文精粹	七年级
45	郭沫若	煤中炉·太阳礼赞	
46	贺敬之	回延安	八年级
47	刘成章	刘成章散文集：安塞腰鼓	
48	叶圣陶	苏州园林	
49	茅 盾	白杨礼赞	
50	严文井	永久的生命	
51	吴伯箫	吴伯箫散文选：记一辆纺车	
52	梁 衡	母亲石	
53	汪曾祺	昆明的雨	
54	曹文轩	曹文轩经典小说：孤独之旅	九年级
55	艾 青	我爱这土地	
56	卞之琳	断章	
57	梁实秋	记梁任公先生的一次演讲	高中
58	艾 青	大堰河——我的保姆	
59	郭沫若	立在地球边上放号